Scritto

Scrittori del Novecento

Piero Chiara

Saluti notturni
dal Passo della Cisa

Introduzione di Giovanni Tesio

Arnoldo Mondadori Editore

© 1987 Arnoldo Mondadori Editore S.p.A., Milano

I edizione Scrittori italiani e stranieri febbraio 1987
I edizione Oscar narrativa marzo 1989

ISBN 88-04-43021-4

Questo volume è stato stampato
presso Arnoldo Mondadori Editore S.p.A.
Stabilimento Nuova Stampa - Cles (TN)
Stampato in Italia - Printed in Italy

Ristampe:

2   3   4   5   6   7   8   9   10   11

1997   1998   1999   2000

La prima edizione Oscar Scrittori del Novecento
è stata pubblicata in concomitanza
con la seconda ristampa
di questo volume

Introduzione

Resta di Piero Chiara un principio, che va inteso nel suo valore normativo: far bene il proprio lavoro, "una regola che non salva il mondo, ma che lo tiene in piedi". Poiché "il mondo è quello che è", occorre assumerne le fattezze ambigue e le cangianti misure, la verità che si occulta e si frantuma. Narrare diventa un far conto dell'uomo sotto ogni aspetto, un indagarne le facce "sotto le diverse maschere cui ricorre per adattarsi ai tempi e alle situazioni". L'esempio storico del Boccaccio diventa l'archetipo esemplare: attenzione alla vita e tentativo di verità, ma al tempo stesso speranza "di un luogo di delizie, di un giardino incantato dove non possa entrare la morte".

Nel caso dell'ultimo Chiara e dei suoi travagli la consapevolezza era tanto più viva, anche se continuava a tradursi in maturo distacco. Nessun suono falso, nessuna concessione al patetico. « Per me » continuava a dire « l'opera è come per un calzolaio la scarpa: è importante che sia fatta bene. » L'ultimo anno di vita è non a caso, creativamente, tra i più importanti, come stanno a testimoniare *Il capostazione di Casalino* e *Saluti notturni dal Passo della Cisa*: un libro di racconti scritto quasi come un romanzo e un romanzo che ha la concentrata nettezza di un racconto .

Dei *Saluti notturni* (ancora era incerto sul titolo) mi parlò nell'ultima intervista che gli feci. Mi indicò sul tavolo il dattiloscritto, a cui mancavano gli ultimi ritocchi. C'erano ancora da mettere a punto alcune soluzioni, che risultavano imperfette "secondo la procedura italiana". Occorreva giustificare, dare consistenza a un'assoluzione un po' insolita. Chiara era stato per anni cancelliere in tribunale. Raccontò che si trattava di un delitto preso a studiare almeno vent'anni prima, ricco di aspetti complessi e di persone, che definiva "da romanzo", con un "loro contenuto psicologico". Ne era già nata precedentemente un'idea per la televisione, poi caduta. Il cinema ne aveva fatto un uso distorto, ricavandone un film "di tutt'altro genere". Lo scrittore aveva recentemente ripreso in mano "le ottanta-novanta pagine del copione" e vi aveva trovato delle parti ottime, "specialmente nella descrizione della vittima, Pilade Spinacroce". Deciso di dare al tutto corpo di narrazione completa, aveva rimaneggiato interamente anche la storia amorosa e ora il romanzo era lì: lo avrebbe dato tra poco all'editore. Era la primavera dell'86 e Chiara non fece in tempo a vederlo stampato.

La *fabula* si aggira intorno alla figura dello Spinacroce, proprio a partire dalle pagine della descrizione iniziale: un personaggio subito messo a punto, la provenienza forestiera, la taglia eccedente, la fisionomia inconsueta, l'abbigliamento un po' bizzarro, gli interessi eterogenei, le letture peregrine e il sodo pragmatismo imprenditoriale, che strappa all'autore un piccolo e franco elogio: "Sono, codesti, gli uomini che fanno camminare il mondo, in che direzione non importa, come non importa l'attività delle formiche, delle api o d'altri animali che sembrano inutili e hanno invece il loro compito nel meccanismo della natura".

Non teleologismi né teologie giusta la precisazione del testo. Conoscere il pensiero dello Spinacroce sull'aldilà, su Dio, sulle sofferenze umane sarebbe, pare, una sacrosanta esigenza della storia: "Ma come venirlo a sapere dal momento che è vano supporre, o peggio immaginare simili dati?". Il romanzo volge dunque alla trama dei fenomeni, anche se preliminarmente vi incide la consapevolezza di un più enigmatico fondo. Lo Spinacroce, come molti personaggi di Chiara, muove da zone ignote; sotto la maschera quotidiana lascia trapelare l'ombra lieve di un mistero, che è la ragione stessa del narrare.

Gli altri personaggi vi ruotano attorno con funzionale agilità: si veda specialmente la simpatia complice di Maria Malerba, un po' serva un po' fraschetta, e del genere dello Spinacroce, l'oculista Salmarani, autore del laborioso piano d'assalto. Fisico prestante, torace atletico, spalle quadrate, animo sicuramente volgare e sodo cinismo, il Salmarani intrattiene con la Malerba un sodalizio d'intenti, dove l'appetito sensuale è almeno pari all'avidità di danaro. Lei appartiene alla galleria delle donne procaci di Chiara e ricorda da presso il Comisso di certi (tardi) ritratti: ad esempio *La donna del lago*. Così Chiara: "La donna, che era nel fiore degli anni, mostrava quell'abbondanza di polpe che dai competenti non fu mai ritenuta grassezza o deformità, ma ricchezza di umori femminili e naturale predisposizione a profonderli. I suoi capelli, tra il rosso e il castano, lunghissimi e raccolti in una treccia improvvisata che le scendeva sulla schiena rotonda, apparvero agli occhi del Salmarani che entrando nel locale la sorprese di spalle, come un segnale di via libera".

Se lo stile, come a Chiara è capitato di affermare, è "la particolare fisionomia espressiva d'ogni scrittore che arrivi a far riconoscere al lettore la sua pagina", qui c'è quanto occorre, nonostante la magrezza del prelievo. Le parole hanno un'energia greve, che l'obliquità sintattica alleggerisce in ammicchi e sottintesi o traveste, al limite, in registri che vanno dal parodico al grottesco, secondo il pur mite esempio del Salmarani, che si estasia sopra il trionfo di un'alba senza pari, disegnata come una divina *géante*: potrebbe addirittura sembrare un'euforia elegiaca, oltre ogni margine di sospetto, se non fosse dei versi danteschi delibati con equivoco flagrante, e soprattutto del commento di una moglie davvero troppo ignara: "Sei proprio un poeta".

Con pari intenzione lo scrittore accompagna il furtivo *ménage* del dentista-poeta e della duttile serva-amante con parole secentescamente archeggiate: "[...] rientrato per la seconda volta nelle braccia di Maria, navigava in un mare di ambrosia [...]"; oppure, con minore efficacia: "[...] toccavano punti mai raggiunti nel corso della loro passione". Che si tratti piuttosto di calchi da *feuilleton*? o ilari pieghe di un Da Verona rimemorato *ad hoc*? L'una cosa e l'altra forse. Ma ciò che conta, qui, è rilevare la funzionale mobilità di un linguaggio ricco di escursioni. E si pensi ancora agli innesti inquisitori e giudiziari: "repertò", "venne repertato", "periziando i reliquati d'una ferita lunga sette centimetri", "appellò".

Non diversamente procede la composizione dell'intreccio, la cui costrutta verosimiglianza è continuamente insidiata dagli agguati delle coincidenze e del caso, fino all'acme altamente sintomatica di un dramma da arena: "Per almeno mezz'ora nell'ingresso al pianterreno della villa, come sul palcoscenico di un teatro, si svolsero le sequenze affannose di un dramma, mentre il vento calava, la pioggia si faceva meno battente e i tuoni si allontanavano rotolando sopra la pianura". Esito assolutamente non nuovo nella narrativa di Chiara, il quale fa come i vagheggiati parabolani, di cui discorre nei suoi racconti: capaci di avvolgere l'ascoltatore (il lettore), come il baco da seta, "in una bava di sfumature e di effetti marginali" e di trarne, al momento buono, il colpo di scena finale.

L'impegno non è del tutto gratuito. Non si tratta soltanto di comporre una macchina ben oliata, funzionante in ogni ingranaggio; un racconto perfetto come un delitto, che stia come luogo di delizia e di scongiuro. C'è sotto – nemmeno tanto rimpiattata – una venatura morale, che irrora i meccanismi dell'impianto; che tenta il volto ambiguo delle cose, il fondo inquietante della vita, gli aspetti mutevoli e misteriosi della realtà, la verità inestricabile. La buona volontà di un Commissario può sì forarne con tenace buonsenso la prima crosta: "Il diavolo, diceva il Commissario, fa le pentole ma dimentica di fare i coperchi". Ma con quel nome di padana sodezza, Raffaele Cavagna, non può davvero fare di più. Né avrebbe potuto, a maggior ragione, se si fosse gaddianamente chiamato, come doveva, Salvatore Inchicchio. Così infatti mi disse testualmente Chiara, parlando di Gadda: « Mi ricordo il commissario del *Pasticciaccio*, Ingravallo: una meraviglia. Ho cercato di imitarlo adesso in questo libro nuovo, che è in fondo anche la storia di un delitto e in cui c'è un commissario che si chiama Salvatore Inchicchio, un nome molto siciliano ».

La dichiarazione è doppiamente significativa: il delitto non risulta che il filo su cui corre l'ambiguità multipla del vero. È un'inchiesta sulla verità, a patto di non calcarne troppo l'aspetto metafisico. La morale non a caso viene da un protagonista assai compromesso, e non da una distanza giudicante *super partes*. Il Salmarani, che esce quasi indenne dai processi e che detta alla moglie le sue istruzioni per l'uso: "Vedi quante facce può avere la verità? Ho proposto ai giudici non la più vera delle soluzioni, ma la più credibile, la più adatta a risolvere il caso e a consentire una sentenza abbastanza logica". Ancora: "Tu vorresti una versione diversa perché pensi che la verità è sempre un'altra!". Oppure: "Non lo so più nemmeno io com'è stato! Non l'ho mai saputo. Nessuno lo saprà mai". Infine: "Ti ho messo davanti tutte le verità possibili. Scegli quella che ti va meglio". Più che la storia di un delitto, come "in fondo" appare, il romanzo diventa la storia di una scepsi: una sorta di parabola sull'occultamento della verità, sul dubbio che il bersaglio possa mai essere davvero centrato.

Non si tratta di una ricerca dell'ultima ora. Essa è anzi il pedale profondo di tutta l'opera di Chiara: a partire, non volendo far conto delle prime prove, dal *Piatto piange* fino a *Vedrò Singapore?* e al *Capostazione di Casalino*. Nella folta trafila si distingue *L'uovo al cianuro*, che dà il titolo alla prima raccolta di racconti: la figura del signor Pareille rinserra una verità dalle pieghe inafferrabili. Il mite fotografo approdato sulle sponde del lago è la vittima innocente di una congiura di famiglia oppure l'inveterato giocatore capace di scialacquare l'ingente patrimonio avuto in eredità dalla moglie a sua volta ereditiera? La bugia, in fondo, non è che un'ipotesi o una variante della verità e Pareille assomiglia non a caso "a Luigi Pirandello quale appare negli ultimi ritratti". Altre pezze d'appoggio si potrebbero trarre altrove: *La spartizione, La stanza del Vescovo, Il cappotto di astrakan, Una spina nel cuore*.

Ma una più pertinente escursione va fatta soprattutto a proposito dell'apologo "giallo" *I giovedì della signora Giulia*, che Chiara scrive proprio mentre esce nella collana mondadoriana del Tornasole, grazie a Vittorio Sereni e a Niccolò Gallo, la prima edizione del *Piatto piange* (1962). C'è una storia esterna af-

9

fine ai *Saluti notturni*, e c'è, come nei *Saluti notturni*, una bravura giallistica girata in parabola: densa, insomma, di ammaestramenti allusivi. Dal 2 febbraio al 23 marzo del '62 lo scrittore pubblica in 28 puntate sul «Corriere del Ticino», con lo pseudonimo di Nik Inghirami, *I giovedì della signora Giulia*, che verranno poi stampati in un volume degli Oscar soltanto nel '70, come "presceneggiatura" dell'originale televisivo dallo stesso titolo realizzato dalla Radio-Televisione italiana e trasmesso in cinque puntate nel mese di aprile dello stesso anno. La storia racconta le vicende di un omicidio. Nella cronaca della signora Giulia assassinata da qualcuno che non si scoprirà, è già in atto un mondo delineato con nitidezza, compatto e incalzante, senza digressioni e rallentamenti, tutto fatti, scorci di ambienti e di figure senza indugi.

Il tema della doppiezza irrisarcibile della verità (e della vita) è soprattutto evidente nel finale, che sancisce, per così dire, una perfetta unità di sdoppiamento attraverso il gesto simmetrico e speculare dei due assassini presunti: l'avvocato Esengrini, marito della signora, e il giardiniere Demetrio Foletti, un po' anche commesso, impiegato e "uomo di fiducia" dell'avvocato. Ambedue assolti, escono dal carcere parlando tra di loro, "ma senza guardarsi" e poi: "Arrivati dove finiva il muro del carcere, l'Esengrini e Demetrio si arrestarono un istante. Poi, come due duellanti che si volgono le spalle e s'incamminano per prendere la distanza prescritta, si diressero, sempre con lo stesso passo, l'uno verso destra e l'altro verso sinistra". In verità questo finale corregge profondamente il finale del testo pubblicato in appendice, dove l'aperta confessione di Demetrio chiudeva convenzionalmente la vicenda.

La funzionalità spoglia e concentrata dei *Giovedì* è più che un precedente. Ma nei *Saluti notturni* Chiara tocca una compiuta maturità narrativa e il romanzo può essere letto come il compendio di un intero itinerario. Lo scrittore semina indizi, guida e depista, conduce il lettore, come i suoi mitici fabulatori, nel cuore dei dilemmi, e di nuovo se ne allontana; propone altri tortuosi percorsi e si comporta un po' come il Salmarani nel suo passaggio da Bergamo a Lerici, attraverso l'improbabile passo della Cisa. Getta spie e segnali che vengono meno e ricacciano nel buio notturno di un viaggio che non è senza compensi. In un'atmosfera così padanamente impastata di evidenza fenomenica, il mondo tanto più sembra apparire quello che è: profumo di culatelli e di ossocolli. E invece vi si rimpiatta una non effimera nozione della gravità e del mistero della vita, alla quale può adattarsi con inopinata coincidenza il non divagante prelievo da un famoso romanzo europeo di questi nostri ultimi anni: "Davanti c'era la menzogna comprensibile, e dietro, l'incomprensibile verità". Ingannare la morte non è l'ultima delle imprese.

Giovanni Tesio

Nota bibliografica

Opere di Piero Chiara

A parte le poesie di *Incantavi* (Lugano, Edizioni di Poschiavo, 1945), l'opera di Chiara comprende saggi, traduzioni, commenti, cura di libri d'arte, di antologie e di opere varie. Ma soprattutto racconti e romanzi, ai quali ci limitiamo in questa sede: *Itinerario svizzero* (prose), Lugano, Edizioni del « Giornale del Popolo », 1950; *Dolore del tempo* (prose e racconti), Padova, Rebellato, 1959; *Il piatto piange* (romanzo), Milano, Mondadori, 1962; *Mi fo coragio da me* (prose), Milano, All'insegna del pesce d'oro, 1963; *La spartizione* (romanzo), Milano, Mondadori, 1964; *Con la faccia per terra e altre storie* (racconti e prose), Firenze, Vallecchi, 1965; *Il balordo* (romanzo), Milano, Mondadori, 1967; *L'uovo al cianuro e altre storie* (racconti), Milano, Mondadori, 1969; *I giovedì della signora Giulia* (romanzo), Milano, Mondadori, 1970; *Il pretore di Cuvio* (romanzo), Milano, Mondadori, 1973; *Sotto la Sua mano* (racconti), Milano, Mondadori, 1974; *La stanza del Vescovo* (romanzo), Milano, Mondadori, 1976; *Le corna del diavolo* (racconti), Milano, Mondadori, 1977; *Il cappotto di astrakan* (romanzo), Milano, Mondadori, 1978; *Una spina nel cuore* (romanzo), Milano, Mondadori, 1979; *Le avventure di Pierino al mercato di Luino* (racconti), Milano, Mondadori, 1980; *Vedrò Singapore?* (romanzo), Milano, Mondadori, 1981; *Helvetia, salve!* (racconti e prose), Bellinzona, Casagrande, 1981; *Viva Migliavacca! e altri 12 racconti* (racconti), Milano, Mondadori, 1982; *40 storie di Piero Chiara negli elzeviri del «Corriere»*, Milano, Mondadori, 1983; *Il capo-stazione di Casalino e altri 15 racconti* (racconti), Milano, Mondadori, 1986; *Saluti notturni dal Passo della Cisa* (romanzo), Milano, Mondadori, 1987; *Di casa in casa, la vita. 30 racconti*, Milano, Mondadori, 1988.

Un'antologia di racconti di Chiara è stata allestita e annotata da Federico Roncoroni con il titolo *Ora ti conto un fatto* (Milano, Mondadori, 1980).

Bibliografia critica

Numerose le edizioni negli Oscar Mondadori, importanti perché introdotte da proposte di lettura meno episodiche di quanto sia dato di solito riscontrare nelle recensioni. Esse sono: *Il piatto piange* (Introduzione di Mario Bonfantini), 1968; *Il balordo* (Luigi Baldacci), 1972; *La spartizione* (Carlo Bo), 1973; *L'uovo al cianuro e altre storie* (L. Baldacci), 1974; *Il pretore di Cuvio* (Enrico Ghidetti), 1976; *La stanza del Vescovo* (Giancarlo Vigorelli), 1977; *Con la faccia per terra e altre storie* (Geno Pampaloni), 1978; *Tre racconti* (Claudio Marabini), 1979; *Le corna del diavolo* (Giansiro Ferrata), 1979; *Il cappotto di astrakan* (Marco Forti), 1980; *Vedrò Singapore?* (Giovanni Tesio), 1983; *Viva Migliavacca! e altri 12 racconti* (Giuseppe Amoroso), 1984; *Il capostazione di Casalino e altri 15 racconti* (G. Tesio), 1988.

Tra i saggi e gli studi si possono segnalare: V. Bramanti, *"I ladri" di Piero Chiara*, «Antologia Viesseux», gennaio-marzo 1968; E. Panareo, *Piero Chiara*, «Il Protagora», n. 69, maggio-giugno 1970; R. Fedi, *Favola e letteratura nella narrativa di Piero Chiara*, «Italianistica», agosto 1976; C. Carena, *Piero Chiara e il suo lago*, «Verbanus», 2, 1980; F. Roncoroni, Introduzione a *Helvetia, salve!*, Bellinzona, Casagrande, 1981. A parte va citata la lettera di N. Gallo a V. Sereni scritta il 4 aprile 1961, che valse a Chiara l'ingresso nella collana del Tornasole (la lettera è ora raccolta in *Scritti letterari di N. Gallo*, a cura di O. Cecchi, C. Garboli, G.C. Roscioni, Milano, Il Polifilo, 1975).

Per una lettura critica complessiva dell'opera di Chiara, si rinvia a F. Ghidetti, *Invito alla lettura di Chiara*, Milano, Mursia, 1977 (arriva a *La stanza del Vescovo*) e a G. Tesio, *Chiara*, Firenze, La Nuova Italia, 1982 (arriva a *Viva Migliavacca! e altri 12 racconti*, con ampia bibliografia delle recensioni segnalate libro per libro). Giova qui integrare la bibliografia con le principali recensioni apparse in seguito alla pubblicazione delle ultime opere. Per *Il capostazione di Casalino*: G. Servello, « Il Giorno », 15 febbraio 1986; S. Artom, « Il Giornale », 6 marzo 1986; G. Spagnoletti, « Il Tempo », 4 aprile 1986; C. Marabini, « Il Messaggero », 7 aprile 1986. Per *Saluti notturni dal Passo della Cisa*: G. Nascimbeni, « Corriere della Sera », 28 gennaio 1987; C. Marabini, « Tuttolibri », 31 gennaio 1987; C. Sgorlon, « Il Resto del Carlino », 7 febbraio 1987; R. Crovi, « Il Giorno », 15 febbraio 1987; L. Testaferrata e G. Soavi, « Il Giornale », 1° marzo 1987. Per *Di casa in casa, la vita* (con Introduzione di C. Fruttero e F. Lucentini): G. Nascimbeni, « Corriere della Sera », 8 maggio 1988; M. Lodi, « La Prealpina », 11 giugno 1988; F. Portinari, « Tuttolibri », 11 giugno 1988; G. Bonura, « Avvenire », 11 giugno 1988; G. Amoroso, « La Gazzetta del Sud », 21 giugno 1988.

G.T.

Saluti notturni dal Passo della Cisa

Capitolo primo

Nella primavera d'una trentina d'anni or sono si era fatto notare a Parma, dove aveva preso alloggio nel migliore albergo, un tal Pilade Spinacroce, proveniente dal Sud America e apparentemente intenzionato a stabilirsi in città o meglio ancora in qualche località dei dintorni, se gli fosse capitato di comprar bene una villa padronale, magari circondata da un bel podere.

Si era fatto notare, lo Spinacroce, non solo per la sua aria forestiera, ma anche per la sua taglia, che eccedeva largamente la media. Chi lo incontrava sull'entrata d'una banca o nella "ruota" d'ingresso dell'albergo, dove aveva la sua base, non poteva fare a meno di voltarsi a guardarlo e di stare un momento a considerare la sua figura. Portava, benché i rigori dell'inverno avessero già ceduto ai primi tepori di primavera, un soprabito scuro di gabardine più lungo davanti che dietro e un cappello nero floscio, che ne accrescevano la corposità. La sua faccia, che si vedeva sotto l'ala del cappello e che solitamente teneva chinata, era quella d'un pizzicagnolo o di un negoziante di maiali: massiccia, carnosa, senza espressione.

Un curioso di quelli che abbondano nelle città di provincia avrebbe subito rilevato che lo Spinacroce doveva soffrire di calli e di duroni, oltre ad avere un paio di "noci" deformate e dolenti all'attacco degli alluci. Infatti portava scarpe larghe, di pelle morbida, e camminava cedendo sulle gambe storte, per pesare il meno possibile sui piedi.

Tale era il suo aspetto, dal quale sembrava possibile dedurre un carattere forte, scontroso, combattivo.

Ma di un uomo come lo Spinacroce, al di là dei dati apparenti, sarebbe stato del massimo interesse conoscere l'animo o anche soltanto la mente, quel che aveva capito del mondo, quali strade aveva battuto, per esempio nel campo delle più comuni conoscenze. Sapere quel che pensava dell'aldilà, di Dio, delle sofferenze umane. La sua storia e specialmente quella parte che trova posto in queste pagine, addirittura lo esigerebbe. Ma come venirlo a sapere dal momento che è vano supporre, o peggio immaginare simili dati?

Si potrebbe forse utilizzare a tale scopo un filo, assai sottile e fragile, fornito da persona che ebbe occasione d'avvicinarlo più volte: il notaio Quarenghi, di Parma, presso il quale fece capo per un certo tempo.

«È uno che legge» disse un giorno il notaio parlando di lui. I pizzicagnoli, i mediatori, i piantatori o gli impresari impegnati ad arricchire, normalmente non leggono. Lo Spinacroce invece leggeva, come si poté accertare meglio in seguito, non solo libri sulla situazione economica e politica del mondo, ma anche romanzi del primo Novecento, italiani e stranieri. Leggeva inoltre un paio di quotidiani e non è detto che si limitasse alla politica, alla cronaca e alla Borsa. Nel corso della giornata poteva estendere il suo interesse anche alla terza pagina e agli inserti speciali. Le pareti dello studio, al pianterreno della villa dov'era andato ad abitare, erano coperte di libri antichi, acquistati insieme allo stabile e al mobilio. Libri mai toccati, belle legature, opere in venti e più volumi, forse mai aperti da più generazioni. Ma nella stanza in alto dove dormiva, sotto il tetto, aveva i "suoi" libri, fra i quali alcune opere di Simenon, una decina di volumi verdi della "Medusa" e un libro di poesie di Guido Gozzano: *La via del rifugio*. Semplice indizio non tanto di un interesse alle riflessioni sul mondo fatte da qualche ingegno letterario, quanto di un certo distacco dalle cose pratiche, che rivelava una natura non inaridita dal denaro e dalle lotte sostenute per accumularlo.

Simili uomini, che stanno nella nostra società tra la massa e le confraternite degli intellettuali, dei ricchi e dei potenti della politica, vengono comunemente detti imprenditori, in quanto hanno intrapreso attività industriali e commerci senza badare al genere, ma con una determinazione, una tenacia, una capacità di fatica che stupisce i pacifici. Sono, codesti, gli uomini che fanno camminare il mondo, in che direzione non importa, come non importa l'attività delle formiche, delle api o d'altri animali che sembrano inutili e hanno invece il loro compito nel meccanismo della natura.

Lo Spinacroce si diceva originario della città di Parma, benché nessuno a Parma lo ricordasse. Emigrato intorno al millenovecentotrenta, aveva sposato a Salta, nell'interno dell'Argentina e ai piedi delle Ande, la figlia di un piccolo albergatore anche lui di Parma, impiantato da più di vent'anni in Sud America.

Erano notizie vaghe, lasciate cadere da lui stesso nei discorsi con mediatori e direttori di banca coi quali era entrato in contatto.

Da Salta a Buenos Aires, da Buenos Aires a Temperley nell'estremo sud, lo Spinacroce era stato volta a volta impresario di costruzioni, importatore di macchine per l'agricoltura, piantatore di caffè, allevatore di bestiame, ma soprattutto affarista e speculatore.

Mortagli la moglie e non trovando più gradevole il mondo degli affari in Argentina dopo l'avvento dei regimi autoritari, aveva deciso, verso i sessant'anni di età, di ritornare nei luoghi nativi per passarvi una vecchiaia tranquilla, lontano dai traffici e disponibile soltanto a qualche modesto impiego di denaro, nel caso gli si fossero presentate delle buone occasioni.

Nel giro di poche settimane, pur illudendosi di passare inosservato, si era fatto conoscere da mezza città, frequentando banche, studi notarili, mediatori, geometri e ingegneri. Subito si era sparsa la voce della sua ricchezza, che consisteva, secondo le opinioni correnti, soprattutto in una scorta cospicua di valuta pregiata: dollari, marchi e franchi svizzeri, che aveva tesaurizzato in Argentina e che gli era riuscito di trasferire chissà come in Italia, dopo aver liquidato ogni sua proprietà e interesse nel Sud America, diventato a suo parere un mondo di miseria, dove non c'era più posto per persone oneste e laboriose come lui, ma solo per politicanti e avventurieri.

Alto come era, grasso di spalle e un po' anche di ventre, col capo sempre piegato sul petto ma lo sguardo diritto in avanti, lo Spinacroce imponeva rispetto e considerazione non solo per la sua fama di uomo danaroso, ma anche per i suoi modi asciutti, da uomo d'azione che sapeva sempre quel che c'era da fare, in ogni occasione. Nonostante l'età ormai più che matura, aveva capelli abbondanti, lisci e ancora quasi del tutto neri. I baffi, che portava cortissimi, erano più neri che grigi, ma ispidi come i crini d'uno spazzolino per i denti.

Dopo varie trattative, l'Americano, come veniva chiamato nei caffè, aveva trovato quello che cercava: una vecchia villa signorile ma senza pretese, circondata da un vasto parco, nei dintorni di Langhirano. La villa era abbandonata da qualche anno, ma in un mese o due venne ripulita. L'arredamento era ottocentesco, solido e di ottima qualità: bei mobili di noce che lo Spinacroce seppe apprezzare, ampie poltrone e divani coperti da velluti pregiati.

Contento del suo acquisto, l'Americano andò ad abitarvi dopo aver assunto un giardiniere e una cameriera tutto fare. Da quel giorno non lo si vide più nei caffè né per le strade di Parma. Abbandonato ogni contatto con i professionisti ai quali aveva dovuto ricorrere, si era chiuso nel suo possesso, quasi che la cordialità e la bonomìa dimostrate con saggia misura a Parma non avessero più ragione di manifestarsi da quando aveva raggiunto il suo scopo. A Parma andava in media una volta al mese, facendosi accompagnare in macchina da un noleggiatore di Langhirano, tal Angelo Beretta. Metteva il naso in qualche banca e tornava subito alla sua villa.

Benché non si curasse degli altri, gli altri non avevano smesso di tenerlo d'occhio e di farne conto, sia per i suoi denari e sia per la curiosità che destava. Sotto una maschera bonaria il suo viso lasciava infatti scorgere un'ombra di mistero.

Si era saputo che aveva una figlia, venuta in Italia dieci anni prima di lui, insieme a un medico italiano, il dottor Francesco Salmarani che aveva conosciuto e sposato in Argentina contro la volontà del padre.

Myriam Salmarani nata Spinacroce, una distinta signora di trentacinque o quarant'anni all'incirca, viveva a Bergamo col marito oculista dal quale aveva avuto un figlio, Albertino, affetto fin dall'infanzia d'una disfunzione glandolare detta morbo di Simmons, per la quale era cresciuto in modo anormale, tanto che a sedici anni era alto quasi due metri, spaventosamente magro e di aspetto mostruoso. Andava in giro tenuto per mano dal padre e dalla madre, col volto stralunato, che volgeva a destra o a sinistra senza ragione e buttando avanti le gambe come per dare calci a una palla.

Qualche anno dopo e quando lo Spinacroce si era già insediato nella sua villa di Langhirano si venne a sapere che i Salmarani, pur abitando a Bergamo dove il medico aveva il suo studio, passavano i mesi dell'estate a Lerici, in una villetta sul lungomare, a ridosso di un antico parco e con vista su tutto il golfo.

La casa di Lerici era stata acquistata dallo Spinacroce col proposito di stabilirvisi in vecchiaia. L'aria di Langhirano, buona per i prosciutti e per le bondiole, poteva diventare sconsigliabile, gli aveva detto un medico, se l'enfisema polmonare del quale già soffriva si fosse aggravato col passare del tempo.

Nell'estate di quell'anno la signora Myriam aveva ottenuto dal padre l'uso della villetta di Lerici ed era andata ad abitarla insieme al figlio, con l'intenzione di trascorrere anche la stagione fredda in riviera, affinché il povero Albertino beneficiasse del clima marino e anche perché i Salmarani si vergognavano di far vedere per le strade di Bergamo il ragazzo, che con la crescita aveva preso un aspetto sempre più allampanato e macilento.

Fin dall'inizio di quel soggiorno al mare della sua famiglia, il dottor Salmarani aveva preso l'abitudine di andare ogni sabato in visita ai suoi, coi quali passava tutta la domenica, per prendere poi la via del ritorno appena la moglie e il figlio si ritiravano nelle loro stanze.

Quando, all'inizio dell'estate, si era trattato di farsi concedere dal vecchio Spinacroce l'uso della casa al mare, i due coniugi erano andati più volte nella villa di Langhirano, con il ragazzo, che appena vedeva il nonno si agitava e cominciava a farfugliare, ballonzolando come un babbuino sulle lunghe gambe e alzando le braccia come se volesse abbracciarlo. Lo Spinacroce si ritraeva un po' disgustato da quel nipote, che gli pareva una giusta punizione per la figlia, la quale invece di sposare un grosso piantatore di caffè oriundo svizzero di Montevideo che le aveva proposto, si era lasciata irretire da un mediconzolo italiano senza soldi e senza voglia di lavorare, arrivato in Argentina per far fortuna in qualunque modo e magari anche attraverso un ricco matrimonio.

Prima di allora Myriam aveva frequentato raramente la villa, benché si fosse riconciliata col padre fin dai primi tempi del suo ritorno in patria. Sapeva che il padre vedeva di malocchio suo marito e addirittura con ripugnanza il povero Albertino, ma sentendosi erede e avendo anche lei notizia forse più precisa degli altri della ricchezza del genitore non voleva perdere contatto con lui. Arrivava al punto di mettere il naso nei suoi interessi, informandosi sui terreni che aveva acquistato nei dintorni dopo aver comperato la villa e giungendo perfino a sindacare la scelta delle donne di servizio, delle quali lo Spinacroce pareva stancarsi facilmente, tanto che le sostituiva una dopo l'altra, passando dalle prime che erano sulla cinquantina, a giovani donne di trenta e anche venticinque anni.

L'ultima di queste, così intelligente e servizievole da render superfluo ogni altro aiuto in casa salvo quello d'un giardiniere che lavorava a giornata, era una giovane di non più di trent'anni, Maria Malerba, originaria d'un paese dell'Appennino parmense ma domiciliata a Langhirano.

Nonostante la sua aria di donna sicura della propria forza, Maria si portava dietro il peso di un errore di gioventù: un figlio di cinque o sei anni, di padre sconosciuto. Morti da tempo i suoi genitori, abitava a Langhirano con una zia, una cugina e il bambino, ma dopo il collaudo come governante dello Spinacroce, durato non più di un mese, andò a stare nella villa, dove occupava una stanza al pianterreno, di fianco a un bagno di servizio.

Lo Spinacroce, che nei primi tempi aveva dormito in una grande camera da letto del primo piano, si era trasferito in una specie di mansarda forse una volta abitata dalla servitù, accanto alla quale c'era un bagno. Il locale, che prendeva luce da due finestre ad abbaino sulla facciata della villa, era basso di soffitto ma ampio e luminoso. Il signor Pilade vi aveva sistemato la sua raccolta di oggetti esotici: pelli di leopardo e di leone con le teste imbalsamate, maschere di legno, scudi di cuoio con infilate lance e zagaglie, trofei di frecce e archi, pelli di serpente, crani di bisonti e d'altri animali cornuti, tamburi, un piccolo caimano imbalsamato e alcune grandi farfalle tropicali dentro cassette di vetro. Tra le due finestre aveva il letto, grande e quadrato, bassissimo e coperto durante il giorno da una pelliccia di guanaco. Per terra si stendevano, oltre alle pelli di leone e di leopardo, pelli di vacca, di zebra e di cavallo. Pareva la stanza di un esploratore. Lo Spinacroce vi stava a suo agio, qualche volta delle giornate intere, a sfogliare giornali e riviste che gli arrivavano dal Sud America, a leggere o più probabilmente a dormire, nella pace e nel silenzio che gli garantiva il folto parco intorno alla villa.

Maria si occupava del pianterreno o piano rialzato dove oltre alla sua stanza, che era sul retro verso l'orto, c'erano da un lato la cucina e la sala da pranzo e dall'altro i locali di rappresentanza: i salotti, lo studio, un grande soggiorno e una sala da biliardo.

Il primo piano, con le camere da letto, gli spogliatoi e un bagno assai lussuoso, appariva dall'esterno chiuso e come avulso dal resto della villa. Le persiane della facciata e anche quelle verso l'orto, sempre chiuse, facevano pensare, agli osservatori poco accorti, che la villa fosse disabitata o che ospitasse solo un guardiano.

Le donne di servizio dello Spinacroce, fin dalla prima, ebbero sempre ordine di spolverare superficialmente i mobili della sala di biliardo e di limitare la pulizia ad una scopatura settimanale. Il bel locale rettangolare era ammobiliato con un paio di sedie e un divano, aveva due specchi alle pareti, tendaggi alle finestre e un doppio lampadario in ottone che si abbassava a un metro e mezzo dal piano del biliardo. Sul fondo, di fronte alla porta d'ingresso, la parete era quasi completamente coperta da un mobile complicato che comprendeva due rastrelliere per le stecche e una cassettiera sovrastata da uno specchio ovale, dov'erano custodite le bilie, i birilli e gli altri accessori del gioco. Solo allo Spinacroce era noto che una parte del mobile, montata su due cardini, poteva essere staccata dal muro come una porta. Un accorgimento che gli era stato rivelato dal mediatore e destinato a nascondere un armadio a muro, chiuso da una porta blindata simile a quella di una cassaforte, con tanto di serratura di sicurezza e con un dispositivo per formare il numero occorrente a liberare i meccanismi di chiusura. La porta blindata era mascherata da una porta comune a due battenti. Appiccicata con la colla alla parte interna del battente destro, lo Spinacroce aveva trovato una busta gialla dentro la quale, su di un foglio piegato in quattro, era scritta la spiegazione dei vari congegni di sicurezza e indicata la cifra necessaria ad aprire la cassaforte. In fondo al foglio si leggeva: "La chiave è appesa all'interno del battente di sinistra". La chiave infatti era al posto indicato.

Maria, nel fare le pulizie, si era accorta del nascondiglio dove lo Spinacroce doveva aver collocato la sua favolosa scorta di dollari, marchi e franchi svizzeri, ma aveva rimesso a posto la rastrelliera senza dir nulla, badando a lasciarla staccata di qualche centimetro, così come l'aveva trovata.

Quando di tempo in tempo il vecchio si chiudeva nella sala del biliardo, sentendo gli schiocchi delle palle Maria credeva che si divertisse a giocare da solo. Invece, pur dando qualche colpo di stecca, si dedicava ad altre operazioni, perché quella era per lui la stanza del tesoro.

Capitolo secondo

In quell'estate, quando ormai avevano ottenuto l'uso continuativo della casa al mare, i Salmarani, in un viaggio di andata a Lerici attraverso il Passo della Cisa che era la strada più breve, deviarono per Langhirano. Fu in quella occasione che si accorsero del mutamento avvenuto nella servitù. Era scomparsa una certa Elvira assunta un paio di mesi prima, era cambiato il giardiniere e tutta la villa era affidata alle cure della nuova cameriera o meglio governante, Maria Malerba, la quale faceva venire un giardiniere a giornata quando era il caso e altri aiuti occasionali, ma non voleva nessuno a condividere il suo dominio.

Prima di riprendere la strada della Cisa i Salmarani si soffermarono un'oretta nel paese per assumere informazioni sulla Malerba. Seppero dal padrone di un caffè che si trattava di una donna nubile, con un figlio illegittimo di cinque anni e un passato alquanto avventuroso. Bastò perché Myriam cominciasse a preoccuparsi.

Tornò più volte nella villa del padre, finché conobbe la Malerba e poté valutarne la pericolosità. Le fu chiaro allora che la sua eredità correva un grave rischio, perché lo Spinacroce non si era mai trovato così bene con una cameriera, così capito e soprattutto così ben servito in ogni necessità, non escluse certamente quelle che Myriam temeva di più, sapendo che il padre non era mai stato astinente e anzi aveva sempre fatto parlar di sé, in Argentina, per la sua aperta propensione ai commerci amorosi più svariati e anche più disdicevoli.

A Langhirano nessuno aveva dubbi sui rapporti della Malerba con lo Spinacroce. Si diceva addirittura che il vecchio l'avrebbe sposata, legittimandone o adottandone il figlio.

Durante una delle sue visite la signora Myriam aveva chiesto al marito di essere lasciata sola col padre nella mansarda, per parlargli come lei avrebbe saputo e per andare in fondo alla questione.

Il dottor Salmarani, nell'attesa, si era aggirato prima per il parco e poi per i locali del pianterreno, dove nel guardaroba trovò la Malerba. Da consumato e impenitente seduttore quale era sempre stato, impegnò con la bella governante una schermaglia di botte e risposte dalle quali risultò, o parve risultare, che a lui non importava nulla del suocero e della sua eredità, e che a lei non passava neppure per la testa di sposare lo Spinacroce. Probabilmente ognuno dei due aveva capito il gioco dell'altro, ma forse proprio per questo tra di loro nacque un'improvvisa simpatia e quasi una sottaciuta complicità.

Nel viaggio di ritorno il Salmarani disse alla moglie di essere capitato in guardaroba, dove aveva trovato la Malerba con la quale aveva parlato per tastare il terreno e cercar di capire quali fossero i suoi rapporti col vecchio. La signora Myriam, che era stata quasi maltrattata dal padre, il quale l'aveva ammonita ad impicciarsi soltanto degli affari suoi, sentì con orrore dal marito che la Malerba si dava per futura moglie del suo padrone, al quale portava ogni tanto il figlioletto perché familiarizzasse con lui.

Dopo simili risultati, il Salmarani non fece nessuna fatica a convincere la moglie della necessità di non rompere i rapporti col padre per evitare una sua reazione eccessiva e perché il suo tesoro in valuta, mai visto né inventariato da nessuno, non passasse poco per volta nelle mani della Malerba.

«Bisogna far finta di secondarla,» diceva «chiudere un occhio, tenere buona la donna, addirittura farsela amica, se non si vuol perdere tutto.»

La signora Myriam dovette ammettere che non vi era altro da fare. Propose anzi di tornare a Langhirano la domenica dopo per iniziare subito una politica di distensione.

Il marito la accompagnò e, preso con lui Albertino, la lasciò sola col padre. Mandò poi il figlio nell'orto a mangiar fragole e andò in cerca della Malerba che trovò in guardaroba intenta a stirare in sottoveste per il gran caldo di quella giornata. La donna, che era nel fiore degli anni, mostrava quell'abbondanza di polpe che dai competenti non fu mai ritenuta grassezza o deformità, ma ricchezza di umori femminili e naturale predisposizione a profonderli. I suoi capelli, tra il rosso e il castano, lunghissimi e raccolti in una treccia improvvisata che le scendeva sulla schiena rotonda, apparvero, agli occhi del Salmarani che entrando nel locale la sorprese di spalle, come un segnale di via libera.

Maria l'aveva sentito girare per casa e doveva aspettarsi, come la domenica prima, la sua apparizione. Avrebbe potuto coprirsi con una vestaglia o anche soltanto avvicinare la porta. Invece si era fatta trovare in quell'abbigliamento. Forse l'aveva sentito sopravvenire con un brivido e fingeva di prestare attenzione al suo lavoro per mostrarsi sorpresa e imbarazzata quando le sarebbe comparso di fianco.

Dopo averla contemplata un momento, il Salmarani avanzò e bisbigliò un rispettoso «Buongiorno, Maria». La donna, con aria confusa, abbandonò il ferro per coprirsi con una camicetta, che tuttavia lasciò aperta per mettere in vista il petto, che traboccava dalla sottoveste, libero d'ogni impedimento. Il Salmarani ebbe un sorriso di indulgenza, che voleva dire: "Tra di noi non occorrono precauzioni e inutili pudori. Siamo amici e basta".

Sempre parlando sottovoce del più e del meno e dopo averle chiesto con indifferenza del vecchio e delle sue abitudini, il medico finì col proporle un appuntamento per il sabato successivo presso il ponte sul torrente Parma, tra Langhirano e la Badia di San Michele. Avrebbero potuto parlare con comodo, perché lui aveva tempo per una fermata di almeno due ore, tra le ventuno e le ventitré e magari oltre, in quanto gli sarebbe bastato presentarsi a Lerici nelle prime ore del mattino. Aveva molte cose da dirle ed era assolutamente necessario che tra di loro si stabilisse un rapporto più stretto. «Per tutto quello che può succedere in avvenire» concluse.

La governante, che aveva ripreso pensierosamente a stirare, acconsentì con un cenno del capo. Un istante dopo il Salmarani era già nel parco che faceva le corsette con Albertino, il quale, pungolato dal padre, ogni tanto si volgeva verso la finestra della mansarda e ballonzolando come un orso gridava, con la sua voce stanca e stonata: «Nonno, nonno!».

Prevedendo uno sviluppo dei suoi rapporti con Maria, il medico andava studiando la cinta della villa e tutti gli ingressi del parco, che erano tre: il cancello principale, una porticina solidissima nel muro chiusa certamente da anni e un cancelletto, che metteva nell'orto e frutteto retrostante. La villa aveva, oltre l'ingresso nobile sulla facciata, segnato da due colonne che sostenevano il balcone del primo piano, un ingresso laterale che metteva ai servizi del pianterreno.

Capitolo terzo

Quella sera la signora Myriam tornò col figlio e il marito a Bergamo, ma nel corso della settimana si trasferì a Lerici con Albertino. Li accompagnò il Salmarani, che nel viaggio di ritorno, a Fornovo, deviò dalla strada della Cisa e andò a studiare la località dove doveva incontrarsi il sabato successivo alle ore ventuno con la Malerba.

Il medico, che da anni viveva prigioniero della moglie e della situazione in cui era venuto a trovarsi con la crescita disgraziata del figlio, si sentiva finalmente alle soglie di una sospirata libertà. Ormai avrebbe potuto passare la settimana a Bergamo, con tutte le serate libere e un'intera casa a disposizione per ricevervi chi volesse e in particolare due o tre sue clienti o ex clienti, signore della grassa borghesia con le quali non poteva permettersi incontri allo scoperto. In più, nel suo gabinetto di oculistica aveva a disposizione una nuova infermiera diciottenne e già ben disposta a servirlo di tutto. Ogni settimana, andando e tornando da Lerici, se ogni cosa si fosse svolta come prevedeva, avrebbe potuto godersi anche le grazie della Malerba e intessere una rete, un intreccio, sul quale andava meditando fin dal primo incontro con la governante del suocero.

Poco più che quarantenne, alto, slanciato, con la facile parlata della Toscana donde era nativo, il Salmarani vedeva aperte davanti a sé delle vie non certo luminose, ma comode e fiancheggiate dalle delizie che la buona salute e qualche soldo in tasca garantisce a chi le sa percorrere con decisione e soprattutto con scaltrezza. Modesto e limitato traguardo, al quale poteva tendere solo un animo volgare.

Arrivato a Bergamo, entrò in casa sua finalmente da padrone. Girò per le stanze, aprì il frigorifero, bevve un cartone di latte fresco poi si stese di traverso sul letto matrimoniale senza togliersi le scarpe e stette lungamente a contemplare il soffitto.

Venuto il sospirato sabato, dopo essersi fermato in un ristorante di Noceto per la cena, alle ventuno era appostato con la macchina nei pressi del ponte sul torrente che fiancheggia il paese di Langhirano. Con un ritardo di cinque minuti Maria arrivò e salì sulla macchina del medico che subito mise in moto per andare in cerca di un angolo tranquillo.

Il sabato, spiegò Maria, passava il pomeriggio col suo bambino e tornava alla villa solo dopo cena. Quel giorno aveva chiesto allo Spinacroce di rientrare più tardi, perché voleva andare al cinema. Poteva quindi ritirarsi anche a mezzanotte.

Il Salmarani spinse il bottone del mangianastri.

Nell'abitacolo si diffusero le note e le parole di una vecchia canzone tornata di moda: "Parlami d'amore Mariù/tutta la mia vita sei tu".

«Che bella questa canzone» esclamò Maria. «È la mia canzone! Non mi chiamo forse Mariù anch'io?»

«Certo» disse il medico «e da ora in poi la chiamerò sempre Mariù.»

Appena la canzone finì, cominciò:

«Mia moglie pensa di intentare un'azione legale per far dichiarare l'inabilità del padre e rendergli quindi impossibili eventuali donazioni, vendite e anche disposizioni successorie. Testamenti, insomma. Per lei poi, prevede addirittura una denunzia per circonvenzione di incapace, che è come dire turlupinamento del vecchio con l'uso delle sue grazie, salvo impugnare testamenti, vendite e donazioni, se non riuscisse a impedirle prima. Come vede, un bel panorama! Ma ci penserò io a smorzare i suoi furori. Le farò capire che non ha nulla da temere, perché lei non ha nessuna intenzione di diventare moglie di un uomo di quasi settant'anni, che poi non si sa quanti denari abbia e potrebbe anche aver venduto del fumo quando parlava delle sue ricchezze.»

Maria non era preoccupata dei progetti della signora Myriam. Sapeva però che lo Spinacroce possedeva un'ingente somma in contanti, senza tener conto dei terreni, della villa, della casa di Lerici e di una cointeressenza che aveva preso l'anno prima in una fabbrica di conserve alimentari. Non fece mistero al medico dei suoi rapporti col padrone, il quale, a suo dire, nonostante gli anni era ancora molto efficiente. Spudoratamente disse che, come uomo, era meglio di un giovanotto. Allora il Salmarani, abbandonando i discorsi d'affari, incominciò a manovrare di conseguenza, trovando un terreno più che favorevole.

Uscito da un lungo abbraccio e riafferrando il senso dei discorsi precedenti, disse quasi tra sé: «Noi siamo nati per capirci e quindi per intenderci. Se sapremo fare, metteremo in piedi un capolavoro. Ho un piano, una previsione, che se si realizzerà ci renderà ricchi e felici tutti e due. Felici insieme! E non qui o a Lerici, ma a Cannes, a Saint-Tropez, alle Bahamas. Dove vorremo noi». E attaccò di nuovo la musica mentre guidava la macchina verso il posto dove si erano incontrati.

Prima di lasciarsi, misero a punto un'intesa per trovarsi almeno una volta alla settimana, quando il medico andava a Lerici al sabato e possibilmente anche quando tornava a Bergamo il giorno dopo. Maria dormiva in una stanza al pianterreno e la sua finestra, come tutte quelle del pianterreno, era munita di inferriata. Ma in fondo al corridoio di servizio c'era una porticina che si apriva sul fianco della villa. Maria l'avrebbe aperta all'ora convenuta, lasciandola accostata. Era la previsione che aveva già fatto il Salmarani quando aveva studiato l'ipotesi di accedere alla villa di notte per passare qualche ora con la governante mentre il vecchio dormiva nella sua mansarda.

«Ora devo andare,» disse Maria «ma vorrei ascoltare ancora una volta la mia canzone.»

Il Salmarani la accontentò subito. Voltò la bobina e al ritornello "Qui sul tuo cuor non soffro più" strinse nuovamente la donna in un lungo abbraccio.

Lo Spinacroce, che aveva ristretto la parte di casa abitata ai soli locali del pianterreno chiudendo il primo piano per ritirarsi nella mansarda, dormiva nel suo piccolo regno, al quale saliva dopo cena, mai più tardi delle ventitré, se anche gli capitava d'incuriosirsi a qualche trasmissione televisiva. Maria, che cenava con lui in sala da pranzo, sparecchiava, rigovernava, poi andava a sedersi sul divano di fianco allo Spinacroce, che guardando la televisione le posava una delle sue manone sopra una coscia, contento di quel solo contatto. Non gli era mai capitato di passare nella camera della governante o di profittare del grande divano della sala da pranzo per i suoi sfoghi amorosi. Era convinto che simili esercizi, dopo pranzo e specialmente di sera, fossero pericolosi. Aveva detto una volta a Maria, non per giustificarsi ma solo per illustrarle le sue cognizioni, che due suoi amici argentini erano morti, a poca distanza di tempo l'uno dall'altro, nel letto della loro donna per aver ceduto alla tentazione con ancora il boccone in bocca.

Le sue effusioni avevano un'ora e un giorno fisso alla settimana: la domenica, all'ora del tè. La donna saliva alla mansarda in vestaglia col vassoio carico di tazzine e biscotti, dopo aver messo il pentolino dell'acqua sul gas senza accendere il fuoco. Arrivata

45

nella stanza preparava il servizio su di un tavolino, poi sedeva sul grande letto dove stava sdraiato fra montagne di cuscini lo Spinacroce, quasi sempre in camicia e mutande. Una mezz'ora dopo, a cose fatte, scendeva ad accendere il gas e dopo dieci minuti risaliva col bricco del tè fumante. Lo Spinacroce, sdraiato come un turco sul letto e con in bocca un bel sigaro Avana, beveva un paio di tazze di tè senza toccare i pasticcini, che erano invece la passione di Maria.

Non era mai accaduto che durante la notte il signor Pilade scendesse al pianterreno. Ad ogni modo il piano concertato tra Maria e il Salmarani prevedeva tutte le evenienze, anche quella di una discesa notturna dello Spinacroce. All'arrivo del suo visitatore Maria avrebbe chiuso, come del resto faceva ogni sera, la porta di comunicazione tra l'atrio della villa e il reparto dei servizi: corridoio, cucina, guardaroba, la sua camera e il bagno. Se il vecchio fosse sceso senza farsi sentire avrebbe dovuto bussare a quella porta e Maria, fingendo di avere il sonno un po' pesante, avrebbe potuto tardare ad aprire lasciando all'amico il tempo necessario alla fuga attraverso la porticina di servizio.

Dopo aver accompagnato la donna fin nei pressi della villa, il medico ridiscese a Langhirano, raggiunse Fornovo e imboccò la strada della Cisa che era quasi mezzanotte. Intendeva far passare almeno otto ore prima di presentarsi alla moglie.

Da Fornovo fino alla valle del Magra non trovò un caffè o un'osteria aperta.

La strada della Cisa è una lunga successione di salite, di tratti pianeggianti e di improvvise discese. Frequentatissima da secoli e fin da epoche preromane, è ormai trascurata dalle macchine che vanno e vengono tra la valle del Po e quella del Magra. L'apertura dell'autostrada Borgotaro-Pontremoli l'ha confinata fra gli antichi percorsi. Il suo ultimo tracciato, voluto da Napoleone I, ricalca pressappoco quello che venne battuto dagli etruschi, dalle legioni romane e anche da Carlo VIII che a Fornovo, scendendo dal valico col suo esercito di ritorno dalla conquista del Regno di Napoli, dovette affrontare i confederati italiani che gli sbarravano il passaggio.

Per il Salmarani, indifferente alla storia, il Passo della Cisa era soltanto una specie di penitenza che gli toccava sopportare, una prova da superare ogni volta, per meritare le grazie della Malerba.

Quando, verso le due del mattino, attraversando pigramente Pontremoli si era reso conto che anche a quell'andatura in poco più di un'ora sarebbe arrivato a Lerici, decise di fermarsi e di fare un sonno sulla macchina. Posteggiò nella piazza principale, davanti al Municipio, e abbassato lo schienale del sedile si addormentò. Lo svegliarono le voci dei primi passanti verso le sei e mezzo. Riprese la strada e andò difilato fino a Bocca di Magra, tanto per far passare altro tempo. Alle otto entrò in un caffè che apriva in quel momento e telefonò alla moglie.

«Sono a Bocca di Magra,» disse «arrivo fra una mezz'ora.»

«Ma a che ora sei partito?» gli chiese Myriam.

«Ieri sera» rispose.

«Ieri sera? Ma perché?»

Il Salmarani spiegò allora che aveva deciso, anche per le settimane prossime quando sarebbe tornato ogni sabato a Lerici, di lasciare Bergamo nelle ultime ore del pomeriggio. Dal momento che al sabato la loro donna di servizio prendeva il suo giorno di riposo, tanto valeva che invece di pranzare in un ristorante di Bergamo, si fermasse lungo la strada, a Cremona per esempio, oppure a Noceto, a Fornovo, in qualche trattoria. Preferibilmente in un'osteria nei pressi di Sanguinaro, lungo la Via Emilia e all'imbocco della strada della Cisa, famosa per i culatelli e l'ossocollo.

Si trattava poi di passare il resto della notte e di tirar mattina, per non svegliare alle due o alle tre la moglie e il figlio. Fino a mezzanotte poteva fermarsi in qualche cinema, nelle località che traversava, poi non gli restava che procedere a piccole tappe, fermandosi qualche ora a dormire sulla macchina, se lo prendeva il sonno.

La simulazione di un simile vagabondaggio notturno, apparentemente assurdo e inspiegabile, perché era chiaro che partendo da Bergamo alle cinque del pomeriggio e anche fermandosi a cenare per strada sarebbe potuto arrivare benissimo a Lerici prima di mezzanotte, era l'unico mezzo che il Salmarani aveva a disposizione per rendere possibili i suoi incontri con Maria. Infatti, se fosse arrivato a Lerici alle ventitré, non avrebbe potuto passare due o tre ore con la donna nel cuore della notte. Presentarsi a Lerici alle dieci del mattino della domenica e dare ad intendere alla moglie che era partito da Bergamo quattro ore prima, non era prudente, perché sapendolo in casa nella serata e nella notte del sabato, la moglie, che gli telefonava normalmente anche due volte al giorno, l'avrebbe certamente chiamato senza trovarlo. Era perfino capitato che qualche volta gli telefonasse alle tre di notte, per chiedergli consiglio sulle crisi che coglievano Albertino improvvisamente, anche nel sonno.

Certo, non era facile far passare per normale un simile modo di viaggiare. Ma il Salmarani era sempre stato un originale e poteva, col suo temperamento, accreditare anche un comportamento fantasioso, fuori del normale. D'altra parte, era sempre stato un nottambulo ed aveva una resistenza fisica e nervosa che gli aveva consentito, nei peggiori momenti delle varie e lunghe malattie di Albertino, di vegliarlo talvolta per quattro o cinque notti di seguito, contentandosi di brevissimi sonni sopra una sedia.

La descrizione delle notti stellate che contemplava dal Passo della Cisa, della piazza deserta di Pontremoli dove qualche volta si fermava a dormire un'ora o due, del mare, delle Apuane che guardava all'alba da Bocca di Magra o dal Monte Marcello, avevano persuaso facilmente Myriam, che non vedeva malvolentieri uno sfogo, in fondo innocente, della eccessiva vitalità del marito.

Il primo vero incontro con Maria il Salmarani l'aveva fissato per la notte del giorno dopo, che era domenica, alle tre del mattino. Con la più bella facciatosta del mondo, dopo aver passato la giornata con la moglie e col figlio concedendosi un sonnellino pomeridiano, annunciò che sarebbe ripartito dopo la mezzanotte in modo da arrivare verso le sei a Bergamo, in tempo per farsi un bagno e cambiar d'abito prima di andare allo studio.

Alle venti portò a cena moglie e figlio in un ristorante di fronte al porto, come avrebbe fatto in seguito ogni domenica. Dopo una passeggiata sul lungomare, la famiglia rientrò in casa e alle dieci madre e figlio erano a letto. Il Salmarani si distese sul divano del salotto, dal quale si sarebbe alzato dopo un paio d'ore senza disturbar nessuno, per mettersi in viaggio alla volta del suo nuovo amore.

Prima di mezzanotte era sotto casa ad avviar la macchina. Alle due e mezzo scavalcava il muro della Villa Spinacroce dopo aver lasciato la macchina cento metri distante, dentro una carraia. Un minuto dopo era nelle braccia di Maria che lo attendeva nel corridoio.

La porta a vetri smerigliati verso l'atrio era già stata chiusa con cautela. Dal corridoio passarono alla camera della donna.

Nella cucina della casa di Lerici il Salmarani aveva

letto, su di un calendario "olandese" appeso al muro, che alla fine d'agosto il sole nasce alle cinque e cinquantasei minuti. Alle quattro e mezzo era già pronto ad uscire, innanzi che le primissime luci dell'alba schiarissero il cielo.

«Sabato prossimo,» disse alla donna «all'andata, arriverò qui a mezzanotte e potremo starcene a letto per più di quattro ore. Per sabato fammi fare una copia della chiave del cancelletto verso la campagna, così evito di scavalcare il muro.»

Non si può dire che le prime due ore nella villa del suocero il Salmarani le avesse passate in piena tranquillità. Aveva provveduto a velare la piccola lampada accanto al letto di Maria e a chiudere l'imposta interna della finestra, in modo che non trapelasse alcuna luce dentro o fuori della villa. La porta della stanza doveva restare aperta, perché potessero accorgersi di una eventuale discesa al pianterreno dello Spinacroce.

Il pensiero che a dividerlo dal suocero fosse soltanto la porta a vetri che dal corridoio metteva nell'atrio, il dover parlare con un soffio di voce e sempre con l'orecchio teso, smorzò alquanto l'entusiasmo del primo approccio che tuttavia ebbe normale compimento.

«Ora» disse Maria «possiamo anche spegnere la luce. Non si sa mai.»

Nel buio che seguì, di colpo e come a un segnale, nella tromba delle scale si diffuse un sordo rumore di mobili trascinati. Il Salmarani tenne il fiato, ma dopo qualche secondo Maria, sfiorandogli un orecchio con le labbra, gli disse: «È lui che russa: lo fa quasi tutte le notti».

La russata del signor Pilade durò un quarto d'ora. Poi tornò un silenzio pieno di impercettibili bisbiglii, rotto ogni tanto dallo strido di un rapace notturno o dal rantolo di un lontano autocarro.

Sul finire della notte si udì dapprima l'abbaiare d'un cane, verso il paese, poi uno stormire di fronde, nel parco, per un vento improvviso che durò pochi minuti.

"La notte" pensava il Salmarani "ha mille voci, vicine e lontane. Qualche volta è più viva del giorno, tanto è vero che uomini e animali dedicano spesso la notte ai loro amori."

Capitolo quarto

Venuto il sabato, il medico, a mezzanotte in punto, dopo aver cacciato la macchina dentro la solita carraia, si introdusse nel parco e poi nella camera dell'amante.

«Ti ho portato un regalino» le disse posando sul comodino una scatola. «È un piccolo apparecchio mangianastri. Sulla bobina è incisa la canzone *Parlami d'amore Mariù*.»

Poco prima dell'alba, mentre già rivestito si allacciava le scarpe appoggiando il piede al bracciolo di una poltroncina, il Salmarani lasciò cadere qualche parola appropriata, predisposta fin dal primo incontro con Maria: «Mi trovo così bene con te» disse «che penso quanto sarebbe bello per noi il mondo se potessimo vivere insieme».

Avviato quel discorso, si affacciarono, come volti invitanti, le soluzioni possibili: la fuga, la separazione del medico dalla moglie e una convivenza aperta con Maria a Bergamo o in un'altra città. Oppure, nel caso che lo Spinacroce avesse a morire magari da un giorno all'altro... Questa ipotesi era la preferita del

Salmarani, che voleva strappare a Maria qualche notizia sul patrimonio del suocero.

La donna non ne sapeva molto, ma disse di conoscere una certa porta blindata, nascosta dietro la rastrelliera nella sala da biliardo.

"Ci siamo" pensò il medico.

Il sabato dopo intavolò un nuovo e più audace discorso. La donna era ormai innamorata di lui, che, pur mirando all'armadio, era a sua volta preso dalle grazie di Maria.

«Se potessimo mettere le mani in quell'armadio» le disse «non ti sarebbe necessario sposare il vecchio, che poi chissà quanto camperebbe con la salute che ha, e vai a sapere cosa resterebbe di quei denari, ammesso che li lasciasse tutti a te, perché potrebbe anche lasciarli a mia moglie o a mio figlio. Davanti alla morte, non si sa mai.»

«Ma per aprire quell'armadio» rispose Maria «bisogna conoscere la cifra ed avere la chiave.»

«Certo» riprese lui. «Ed è proprio per questo che devi darti da fare. In qualche posto avrà pur scritto il numero, perché alla sua età non ci si può fidare della memoria. In qualche posto avrà pur nascosto la chiave. Sta a te venire in chiaro di tutto. Quando lo Spinacroce va a Parma e resta fuori per parecchie ore, cerca, fruga. Se trovi, sarà un gioco mettere in due valigie tutti quei denari e filar via nel giro di un'ora. Ho un fratello in Francia, sulla Costa Azzurra, dove potremo rifugiarci come primo appoggio. Poi faremo un bel giro per il mondo e dopo qualche mese sceglieremo il luogo che più ci piace per farci una casa e vivere tranquillamente. Il vecchio probabilmente non denunzierà neppure il furto. Non avrebbe nessun interesse a far sapere che deteneva valuta straniera. Perché so che in quell'armadio ci debbono essere pacchi di dollari, marchi e franchi svizzeri. Senza contare i gioielli.»

«E mio figlio?» chiese la donna.

«Tuo figlio lo portiamo con noi, s'intende. Poi in qualche modo ci sposeremo e ci regolarizzeremo. Tuo figlio lo riconoscerò, come se fosse mio. Cosa vuoi di più?»

«Già» concluse Maria. «Ma tutto sta a trovare il numero e la chiave.»

Era ormai la fine di settembre e le soste del Salmarani si prolungavano, con l'allungarsi della notte, per ore e ore durante le quali alle solite effusioni seguivano sempre i progetti di una vita in comune.

Una di quelle notti il medico aveva addirittura tirato fuori un progetto di trasferimento nel Venezuela, dove aveva degli amici e dove pensava di aprire una clinica oftalmica.

Maria intanto aveva scoperto la chiave dell'armadio blindato, infilata tra i meccanismi di un pendolo a muro, vicino alla porta d'ingresso della sala da biliardo. L'aveva trovata un pomeriggio che incuriosita dai meccanismi del pendolo ne aveva aperto lo sportello. La chiave portava inciso sull'occhiello: "Weiss & C.", come si leggeva sulla porta della cassaforte.

Restava da scoprire il numero, ma Maria non disperava di distinguerlo tra le annotazioni di un'agendina che lo Spinacroce portava sempre in tasca e non abbandonava mai. "Verrà pure il giorno" pensava "che la perderà di vista per qualche minuto." E si riprometteva di stare attenta quando il vecchio fosse nel bagno, unico momento in cui avrebbe potuto esplorargli le tasche della giacca.

L'occasione si presentò qualche giorno dopo. Lo Spinacroce era sceso in maniche di camicia nel parco per dare istruzioni al giardiniere. Maria salì nella mansarda e frugò rapidamente nella giacca del suo padrone appesa allo schienale di una sedia. Trovò subito l'agenda. In una delle ultime pagine era segnato un numero: "3601". Se lo mise in mente e scese al pianterreno.

La notte in cui Maria poté dire all'amico di avere finalmente scoperto la chiave della cassaforte, verso le due, lo Spinacroce si svegliò nella sua mansarda. Si alzò, si mosse per la camera, poi uscì e andò nel piccolo bagno che si apriva sul pianerottolo. Maria, che stava sempre con l'orecchio teso, lo udì. Il Salmarani, allarmato, cominciò a rivestirsi rapidamente, mentre la donna andò verso l'atrio per sentire se il vecchio, uscendo dal bagno, scendesse le scale invece di tornare a letto.

Il Salmarani, che si era ormai vestito, andò con le scarpe in mano vicino alla donna, la quale proprio in quel momento ascoltava i passi dello Spinacroce che attraversava il pianerottolo e cominciava a scendere le scale al buio, lentamente e strisciando con le pantofole ad ogni scalino. Avvertì l'amico, che infilate le scarpe si mise in fuga attraverso la porticina di servizio. Maria la chiuse dall'interno, girò lentamente la chiave della porta a vetri verso l'atrio perché lo Spinacroce la trovasse aperta. Andò poi nella sua camera, diede un'occhiata per vedere se l'amico avesse dimenticato qualche indumento e si infilò nel letto.

Un momento dopo, dalla porta semiaperta della camera vide accendersi la luce nel corridoio e sentì lo strusciare delle pantofole del vecchio che si avvicinava. Accese anche lei la luce e si alzò a sedere sul letto.

Lo Spinacroce, che era in pigiama, spinse lentamente la porta e mise dentro la testa.

«Cosa succede?» gli chiese Maria.

«Niente. Mi sono svegliato dopo un brutto sogno. Pensa che, nel sogno, ti ho vista morta.»

«Morta come?»

«Morta. C'era molta gente intorno e tu eri per terra, morta. Mi sono un po' impressionato, ma poi ho pensato che quando si sogna qualcuno morto gli si prolunga la vita. Almeno così si dice.»

Sorridendo, entrò nella camera e benché la donna si scostasse per fargli posto nel suo letto, si limitò a sederle accanto. La guardò, sempre con un vago sorriso, poi allungò una mano a carezzarle il viso, scendendo quindi al seno che traboccava dalla camicia da notte. Pareva in dubbio se continuare o no in quei maneggi, che compiva distrattamente, attratto dal rumore lontano di un motore. Guardò negli occhi Maria, quasi avesse capito che anche lei ascoltava, poi si alzò, si piegò a baciarla sulla fronte e disse:

«Vado di sopra. Mi è tornato il sonno.»

Lentamente si avviò alla scala e salì nella sua camera, alla quale arrivò col fiato grosso. Disteso nel suo letto col viso al soffitto e la luce ancora accesa, rimase a lungo con gli occhi aperti.

"Ho sempre dormito bene" disse fra sé "non vorrei cominciare con l'insonnia."

In attesa del sonno pensò alla vita che si era organizzata per i suoi ultimi anni.

"Questa donna" si diceva "è buona e fedele. Avrà avuto qualche amante, tanto che ha un figliolo, ma ormai pensa solo a quel figlio e a me. Certo, una bella donna è sempre un pericolo. Ma non ho ancora settant'anni. Posso arrivare agli ottanta e magari oltre. Lei avrà fatto i suoi conti. Fra una decina d'anni, alla mia morte, si troverà nelle mani un capitaletto da viverci comodamente fino alla vecchiaia. Se lo merita, più di mia figlia, che del resto avrà la sua parte e non potrà lamentarsi."

Parendogli che quei pensieri non fossero adatti a conciliargli il sonno, cominciò a calcolare l'ammontare del suo patrimonio. Valutava i titoli secondo le ultime quotazioni, stimava gli immobili, aggiungeva la valuta straniera, poi l'importo dei suoi libretti di risparmio e quello delle sue partecipazioni. Il totale gli risultò così rilevante che vi dormì sopra saporitamente come su di un morbido cuscino.

Capitolo quinto

Capitolo quarto

Alla Badia di San Michele, non molto lontano dalla Villa Spinacroce, una mattina di domenica si celebrava un matrimonio. Dall'antico campanile si erano diffusi per le colline i rintocchi delle campane a festa. Verso le dieci, mentre lo Spinacroce che si era alzato tardi prendeva il suo caffellatte in un salotto adiacente alla cucina e Maria lo serviva, tutti e due tesero l'orecchio al suono di quelle campane.

«Ci sarà un matrimonio,» disse Maria «oramai è di moda sposarsi a San Michele. Vengono anche da lontano gli sposi.»

Lo Spinacroce alzò il capo e guardò la donna.

"Forse" pensò "Maria si aspetta da me una proposta di matrimonio. Sarebbe la soluzione migliore, anche ai fini della mia successione. Erediterebbe al momento giusto, pagando tasse ragionevoli, ed io eviterei di intestarle delle proprietà o di farle delle donazioni in vita, sempre sconsigliabili."

Ma fu un pensiero fuggitivo.

«Ancora un po' di caffè» disse. Maria gliene versò dalla caffettiera una mezza tazzina.

Alla Badia intanto arrivavano macchine d'ogni sorta. Gli sposi, che venivano da Parma, entrarono nella chiesa per la cerimonia. Quando uscirono sotto il lancio delle manciate di riso degli amici, ebbero i complimenti degli invitati, poi si avviarono al pranzo che era preparato in un ristorante distante un paio di chilometri, nelle sale al pianterreno del castello di Felino.

Nel corteo delle macchine che seguivano quella degli sposi c'era una spider gialla con a bordo due giovani sui venticinque anni.

«Da queste parti» disse il guidatore «ci dev'essere la villa di quello Spinacroce che è venuto dall'Argentina pieno di soldi qualche anno fa e che pare viva come un nababbo, con due o tre donne che gli fanno compagnia.»

«So tutto,» disse l'altro «vive in una vecchia villa ma con una donna sola, certa Maria Malerba, che gli fa da governante e da moglie.»

«Giovane?»

«Sulla trentina, un po' forte di membra ma molto bella. Era la meraviglia di Langhirano fino a un anno fa. Ora sta in villa e non si mostra più in giro. Sei o sette anni or sono ha avuto un bambino da un amante che poi l'ha abbandonata. Ora si dice che l'Americano la sposerà e che adotterà il bambino. Quando facevo pratica di notaio, lo Spinacroce veniva spesso nello studio del mio principale. Pare che si sia portato dall'Argentina una montagna di valuta pregiata. So che il notaio si era dato da fare per alcuni contratti, quello di acquisto della villa e un altro per dei terreni qua attorno, poi per un'operazione di banca un po' complicata, con la quale il vecchio garantiva una società di conservieri e un'altra società che doveva costruire dei condomini nell'Oltre Torrente. Pare che per tutto questo lo Spinacroce attingesse al suo tesoro, che dovrebbe essere conservato nella villa, dentro un armadio blindato. Tutte cose che ho saputo dal notaio Quarenghi il quale mi raccontò che l'Americano, quando gli morì la moglie, e c'è chi sospetta che l'abbia ammazzata lui, dispose per il trasporto della salma in Italia, dove disse di volerla collocare nella tomba di famiglia. Tomba inesistente, perché lo Spinacroce è figlio di poveri contadini e la moglie, da giovane e prima di seguire il padre in America, era cameriera in casa dei conti Zambelli. Lo Spinacroce dunque, dopo aver chiesto e ottenuto il permesso per il trasporto della salma, seppellì di notte la moglie nell'orto di una casa di campagna. Nella cassa stipò soldi e gioielli, poi la spedì in aereo a Milano, andandole dietro tutto vestito di nero. A Milano la fece mettere dentro un cassone che pare sia stato aperto solo nel *caveau* di una banca, a Parma.»

«Andiamo a vedere la villa, a farle un giro intorno» propose il guidatore. «Tanto, al pranzo arriveremo sempre in tempo.»

La spider uscì dalla colonna in uno slargo, invertì la marcia e poco dopo, infilata la strada che porta alla villa, passava davanti al cancello, piegava per una strada secondaria che seguiva il muro di cinta e tornava sulla strada di prima.

«Non abbiamo visto la Malerba» disse il giovane seduto di fianco al guidatore.

«Cosa credi? Che stia alla finestra? Per vederla bisognerebbe, con qualche pretesto, andare a trovare lo Spinacroce.»

«E perché non lo facciamo? Val la pena di conoscerla. E di vedere l'interno della villa.»

«Certo» disse il guidatore «che mi piacerebbe veder l'interno di una villa dove sono nascosti tanti denari. Perché il "tesoro" l'Americano non l'ha lasciato in banca.»

«Pensa» riprese l'altro «che progetto: conoscere la Malerba, introdursi nella villa quando non c'è lui, scoprire il tesoro e portarlo via, lasciando la donna a bocca asciutta dopo averle promesso un terzo del bottino.»

Mentre il giovane parlava, la macchina stava arrivando sul terrapieno del castello di Felino, ridotto a ristorante, dove le macchine degli invitati erano posteggiate in disordine. I due entrarono e si confusero tra la folla.

Alle lunghe tavole sedevano almeno cento persone, e il matrimonio era così importante che al taglio della torta si alzò a parlare un monsignore o un vescovo, grasso e rotondo, con una fila di bottoncini rossi che gli scendevano dal colletto fino ai piedi.

In un angolo della sala, vicino a un convitato che invece di ascoltare il discorso del vescovo si teneva all'orecchio una radiolina per seguire le fasi del campionato di calcio, i due amici della spider, che anche loro non davano retta all'oratore, parlavano dello Spinacroce, delle sue ricchezze e delle varie parti del corpo della Malerba, che sembravano interessarli quasi più del denaro.

In un giorno di quella settimana i due si presentarono al cancello della villa sul tardo pomeriggio e suonarono il campanello. Con calma, la Malerba andò al cancello e dopo aver ascoltato la richiesta dei due tornò in villa per riferirla allo Spinacroce. Avevano bisogno di parlare con lui. Uno dei due si era qualificato come ex collaboratore del notaio Quarenghi.

Il signor Pilade, un po' seccato, ordinò di farli attendere in un salotto del pianterreno, dove li raggiunse dopo essersi tolto le pantofole e messe le scarpe.

Quando furono davanti all'Americano si smarrirono, tanto la faccia dello Spinacroce era severa e piena di sospetto.

«Siamo venuti» disse alfine uno di loro «per domandarle qualche informazione sull'Argentina. Questo mio amico vorrebbe trasferirsi laggiù, perché è la terza volta che si presenta agli esami di stato per notaio ed è stato nuovamente ritenuto non idoneo.»

«Per chi ha voglia di lavorare» tagliò corto lo Spinacroce «l'America è qui. Comunque io non ho più contatti con l'Argentina e non so come vadano le cose laggiù.»

Si alzò in piedi e congedò freddamente i due curiosi.

Lo Spinacroce aveva effettuato il trasporto del suo capitale dall'Argentina all'Italia a mezzo di un'impresa di pompe funebri. La morte della moglie, che non vi è motivo per ritenerla provocata da lui, era avvenuta in una *fazenda* a una trentina di chilometri da Salta e nei pressi di un villaggio nel cui cimitero venne inumata la salma. Alcuni mesi dopo lo Spinacroce, che aveva venduto la *fazenda* e aveva messo in giro la voce di volersi ritirare a Buenos Aires, chiese alle autorità locali il permesso di spedire i resti della moglie in Italia, dove viveva sua figlia Myriam col marito e un figlio. Ottenuto il permesso, si era inteso col guardiano del cimitero, che, tacitato da una buona somma, aveva esumato la salma, ma per riseppellirla poco lontano. Nella doppia cassa fatta venire da Salta, lo Spinacroce aveva collocato il suo tesoro, completando il peso con un certo numero di libri ben distribuiti e fissando il tutto con vecchi abiti ben stipati. Non gli fu difficile ottenere da un medico che aveva funzioni di ufficiale sanitario la dichiarazione necessaria al trasporto. Per la spedizione aerea occorreva chiudere il feretro dentro un normale cassone ben rinforzato.

A Milano, dove lo Spinacroce era giunto insieme al cassone, un'impresa di trasporti si incaricò del trasferimento del feretro a Parma, dove venne deposto in un magazzino che lo Spinacroce aveva affittato per quello scopo. Nei giorni seguenti aprì il contenitore di legno e infine, lavorando come un negro, le due casse, quella di legno e quella di zinco. I soldi che vi aveva collocati li mise in una grande valigia e andò a depositarli nel *caveau* di una banca di Parma. Le due casse, rinchiuse nel cassone, le fece portare, tempo dopo, nella villa dove le nascose nell'armadio blindato della sala da biliardo.

Dopo qualche tempo portò nella villa, a più riprese, il tesoro in valuta pregiata che aveva depositato provvisoriamente nel *caveau* della banca.

Capitolo sesto

Il dottor Salmarani ogni domenica mattina arrivava a Lerici tra le otto e le otto e mezzo e ogni volta raccontava con finto entusiasmo alla moglie le sue fermate qua e là lungo il percorso, ora per contemplare la volta stellata, ora per veder sorgere l'alba sul mare. Una mattina comparve in casa con un'aria estasiata. Arrivato che era ancora buio a Sarzana, per perder tempo si era spinto fino a Bocca di Magra, poi aveva risalito i tornanti del Monte Marcello ed era andato ad affacciarsi sopra la Punta Bianca proprio mentre verso levante si rompeva sulle Apuane il mantello della notte e un chiarore biancastro annunciava l'alba. Incantato, aveva atteso finché quel biancore, diventato color rosa, aveva dato luogo ad un'aurora che si disegnava sopra il profilo dei monti in forma di una donna, o meglio di una dea, col capo riverso sopra la Versilia e i piedi appoggiati, come sopra un cuscino, sulle verdi pinete del Pasquilio. Con ancora davanti agli occhi quell'immagine, non poté trattenersi dal declamare alla moglie i versi di Dante che gli erano venuti alla mente poco prima:

La concubina di Titone antico
già s'affacciava al balco d'Oriente
fuor dalle braccia del suo dolce amico.

«Sei proprio un poeta» disse Myriam scuotendo la testa un po' scandalizzata per quei versi, quasi non fossero di Dante, ma del marito, il quale li aveva declamati ad occhi socchiusi e pensando intensamente a Maria che aveva lasciato soltanto da tre ore, uscendo da un abbraccio durato da mezzanotte all'alba.

Il Salmarani durante le sue visite a Lerici usciva pochissimo di casa. Stava sul terrazzo all'ombra di una tenda o nel salotto a sfogliare rotocalchi. Ma quella domenica era particolarmente di buon umore e volle portare moglie e figlio a Fiascherino. Lungo la strada, spensierato come un ragazzo, cominciò a cantare: *Parlami d'amore Mariù.*

La signora Myriam, benché abituata all'esuberanza del marito, si dimostrò frastornata da quell'inspiegabile allegria. Con di fianco il povero Albertino, non capiva come il marito potesse sentirsi così leggero.

Ma il Salmarani, che forse aveva intuito i pensieri della moglie, spiegò:

«È una vecchia canzone degli anni Trenta, così bella che ogni dieci anni torna di moda. Mi è sempre piaciuta.»

A Fiascherino non c'era nulla da vedere, per cui il

Salmarani proseguì fino a Tellaro. Lasciata la macchina in piazza, i tre scesero i vicoli fino a una chiesetta e poi a un terrazzo proteso sugli scogli. Stettero a lungo a guardare i marosi che rompevano contro le rocce sottostanti, poi tornarono a Lerici.

Passata la domenica con la moglie e col figlio, poco dopo le ventidue, il Salmarani riprese la strada del ritorno. Arrivò al Passo della Cisa prima di mezzanotte e trovò ancora aperto il bar. Si fermò, entrò a bere un caffè e, vedendo esposte delle cartoline illustrate con la vista del Passo e della chiesa che lo sovrasta, ne sfilò una e tolta di tasca la sua biro d'argento la indirizzò alla moglie, a Lerici. "Saluti notturni dal Passo della Cisa. Franco", scrisse nello spazio bianco.

Poco dopo l'una di notte, con la chiave che Maria gli aveva procurato, apriva il cancelletto del giardino dietro la villa del suocero. La finestra della camera di Maria al pianterreno si era illuminata in quell'istante. La donna aveva udito lontano nella notte il rumore della macchina, benché diventasse quasi impercettibile all'arrivo, trovandosi la villa al di là di un leggero pendio che il Salmarani discendeva a motore spento fino all'imbocco della carraia dentro la quale nascondeva l'automobile.

L'autunno era ormai inoltrato e il medico andava preoccupandosi all'idea che la moglie potesse decidere di rientrare a Bergamo per passarvi l'inverno. Ma una di quelle domeniche Myriam gli chiese, con molta grazia, di lasciarla a Lerici almeno fino a Natale col ragazzo.

«Figurati!» le rispose. «Per me questo viaggio settimanale è un riposo, un'evasione, dopo sei giorni di lavoro. Il Natale lo faremo qui, al mare, al sole, col nostro Albertino. Mi fermerò qualche giorno, faremo delle gite a Porto Venere e alle Cinque Terre.»

A Bergamo, durante la settimana, se la passava allegramente. Andava allo studio poco prima delle undici e riceveva i clienti fino alle dodici e trenta. Alle tredici era seduto al suo posto fisso nella prima sala del Ristorante Colleoni. Alle quattordici si alzava da tavola dopo aver bevuto il caffè e rientrava in casa, dove trovava tutto in ordine perché ogni mattina alle nove Florinda, che era la donna delle pulizie, una sessantenne magra e scavata nel volto, se ne era già andata. Solo e indisturbato, passeggiava per i locali, sfogliava il giornale e spesso si stendeva in salotto nella sua poltrona preferita, con le gambe sopra il tavolo e col telefono a portata di mano. Ogni giorno, verso le quindici, il telefono squillava. Era Myriam che gli diceva sempre le stesse cose: «Albertino ha avuto una crisi», «Albertino è caduto per la strada», «Albertino ha il raffreddore», «Albertino se l'è fatta addosso». Di lei non parlava mai, come se fosse naturale il suo star bene, col compito che aveva di vigilare giorno e notte la salute del figlio.

Posato il telefono, il Salmarani si sentiva sollevato.

Salvo l'eccezione di qualche telefonata notturna, quando Albertino aveva delle crisi, la moglie non lo avrebbe seccato per tutto il giorno.

Alle sedici era già nello studio con indosso il camice bianco. La sua giovane infermiera, Lucia Jelo, una ragazza siciliana di diciotto anni dagli occhi scuri e dai capelli neri, col camice indossato sopra la sottoveste andava e veniva in attesa del primo cliente. Il Salmarani riceveva solo per appuntamento.

Il martedì e il giovedì, con una precisione quasi scientifica, alle diciotto, dopo che l'ultimo cliente era uscito dallo studio, dava un giro di chiave alla porta, mentre l'infermiera trasformava in letto il divano del salotto d'attesa. Benché avesse solo diciott'anni, Lucia era sposata con un suo conterraneo che lavorava a Düsseldorf e compariva a Bergamo solo per le feste di Natale.

Le prestazioni della ragazza non avevano nulla di sentimentale perché erano nel contratto. Dopo il mese di prova e i primi positivi approcci, il medico le aveva proposto uno stipendio "dilatato" che comprendeva i due fuoriorario del martedì e del giovedì. La ragazza, pienamente soddisfatta del trattamento che riceveva, non poneva intralci di alcun genere alle altre fortune amorose del suo principale che non perdeva nessuna occasione. Proprio in quell'autunno, la madre di un bambino lesionato a un occhio era caduta nelle sue pànie. La signora, moglie di un noto industriale della città e molto guardata per la sua bellezza, non avrebbe potuto avere degli incontri col medico senza l'aiuto di Lucia, che teneva il bambino in camera oscura per un'ora con una medicazione inventata a proposito dal Salmarani, il quale, dato un giro di chiave alla porta, si ritirava nel salotto d'attesa con la cliente. Qualche altra paziente appetibile e più libera nei suoi movimenti, la riceveva in casa fra le quindici e le sedici o dopo le diciotto.

Il suo successo con le donne veniva dall'apparenza di discrezione che circonda sempre i medici, ma anche dal suo aspetto fisico prestante. Dotato d'una bella testa, che portava sempre alta e come offerta al vento, aveva l'aria d'un poeta romantico dell'Ottocento. Vestiva sportivamente, quasi sempre senza cravatta e spesso con maglioni che gli modellavano un torace atletico e due spalle quadrate. In gioventù, quando viveva in Argentina, era stato un mezzo campione di scherma, come testimoniavano cinque o sei coppe d'argento allineate in un armadio a vetro nell'anticamera dello studio.

L'ultima domenica d'ottobre di quell'anno, preciso come un orologio, all'una di notte il Salmarani apriva con la sua chiave il cancelletto del giardino dietro la Villa Spinacroce. Alle quattro, in uscita, lo richiudeva diligentemente e si avviava alla sua macchina, infilata nella solita carraia. La domenica mattina alle otto era a Lerici.

«Stamattina» disse alla moglie quel giorno «sono andato a vedere l'alba a Tellaro, seduto sul parapetto, a strapiombo sulla scogliera. Che spettacolo! Le onde del mare in burrasca mandavano gli spruzzi a trenta metri di altezza e i raggi del sole che li penetravano, dipingevano l'acqua polverizzata coi colori dell'arcobaleno.»

Alle ventidue e trenta, dopo una giornata a Lerici, salutata la moglie andò a deporre un bacio sulla fronte di Albertino che dormiva, poi prese la strada del ritorno: Sarzana, Pontremoli, di curva in curva, immerso nella notte, fino al Passo della Cisa dove faceva una sosta anche se il bar era già chiuso. Dal Passo a Fornovo, tra falsi piani e ripide discese, piombava nell'abitato di Langhirano dopo mezzanotte. La Villa Spinacroce era a un paio di chilometri dal paese.

Capitolo settimo

Alfredo Felegatti, praticante notaio, e Carlo Bonomelli figlio di un grosso fattore, entrambi sui venticinque anni, quei due giovani che un paio di mesi
prima andando al ristorante del castello di Felino
avevano avuto l'idea di introdursi nella Villa Spinacroce da allora non avevano fatto altro che perfezionare il loro progetto.

Innanzitutto si erano informati a fondo sui precedenti della Malerba, poi avevano compiuto una decina di sopralluoghi nei pressi della villa. Lasciata la
macchina molto lontano, in tenuta da cercatori di
funghi avevano studiato la villa dall'alto e da ogni
lato. L'avevano aggirata più volte ed erano riusciti
perfino, con un binocolo, a vedere lo Spinacroce nella sua mansarda mentre, salito sopra uno sgabello,
sistemava la sua raccolta di armi africane e sudameri-
cane: lance, zagaglie, frecce, scudi e un mascherone
di legno dipinto. Convinti che la Malerba condivides-
se il letto col suo padrone, si persuasero che con un
po' di attenzione avrebbero potuto lavorare al pianterreno senza essere uditi. Che il tesoro fosse nasco-

sto al pianterreno erano sicuri, perché il Felegatti aveva sentito dire dal notaio presso il quale lavorava che lo Spinacroce, nella sala di biliardo della villa, aveva trovato, ben nascosto dietro la rastrelliera delle stecche, un vano chiuso da una porta blindata.

Una sera di domenica i due stavano in mezzo a una trentina di altri giovani e ragazze in casa di un amico che aveva organizzato una festa. Dopo aver bevuto, ballato e chiacchierato un po' con tutti, verso l'una di notte lasciarono il festino uno dopo l'altro senza salutare nessuno.

Saliti sulla spider del Felegatti, uscirono di città e infilarono la strada per Langhirano. Mezz'ora dopo erano nei pressi della Villa Spinacroce. Anche loro nello scendere il declivio spensero il motore della macchina, che lasciarono poi sulla strada, senza accorgersi di quella del Salmarani, infilata in uno stretto passaggio campestre un poco più avanti. Tolsero dal baule un grosso involto e girando intorno alla villa andarono al cancelletto dal quale era entrato meno di un'ora prima il Salmarani, che ben lontano dal prevedere una qualsiasi minaccia dall'esterno, in quel momento, sdraiato ignudo di fianco a Maria che gli si presentava, nel controluce dell'abat-jour, come una catena di colline tonde e morbide, socchiudeva gli occhi, immerso nel profumo di quella carne, sicuro del suo possesso e convinto che nessuno poteva contendergliene l'uso, tranne lo Spinacroce, del quale sopportava con sempre maggior disagio il predominio sulla Malerba.

Intanto, tolto dalla loro borsa un "piede di porco" e divelta la serratura del cancelletto, i due giovani si portarono alla porta dello scantinato, che era l'unico accesso posteriore della villa. Si trattava di una porta molto robusta che richiese, per venire aperta, una buona mezz'ora di lavoro e l'impiego del trapano a mano.

Mentre il Felegatti faceva girare alla massima velocità possibile il trapano, il Salmarani, rientrato per la seconda volta nelle braccia di Maria, navigava in un mare d'ambrosia, tanto che non sentì neppure il rumore del trapano, caduto di mano al Felegatti nel momento in cui la porta dello scantinato aveva ceduto.

I due, che si credevano ormai dentro casa, ebbero la sgradita sorpresa di trovar chiusa un'altra porta non meno robusta della prima, tra lo scantinato e l'atrio della villa, in cima a una ventina di scalini. Ma non erano ancora le due e c'era tutto il tempo necessario per aver ragione di quel secondo ostacolo. I giovani si misero al lavoro di buona lena, mentre i due amanti, non molto lontani coi corpi ma lontanissimi coi sensi e in particolare con l'udito, toccavano punti mai raggiunti nel corso della loro passione. Tanto che i rumori dei due scassinatori, per un gioco d'aria nella tromba dello scalone, finirono col venir avvertiti, prima che da loro, dal vecchio, tra un sonno e l'altro. Lo Spinacroce ascoltò a lungo cercando di localizzare il rumore, poi si alzò a sedere sul suo letto e accese la luce. Mentre tendeva l'orecchio, passava con lo sguardo dalla testa di un leone a quella di un leopardo per poi soffermarlo su due zagaglie incrociate e fermarlo infine sul cranio di un bisonte dal quale prorompevano due corna minacciose. Sul viso gli passò un triste sorriso. Molte volte aveva dubitato della fedeltà della sua Maria e si era provato a fare l'ipotesi di qualche ex amico che la venisse a visitare di notte. Ma il rumore, che riusciva a cogliere negli intervalli tra una folata e l'altra d'un forte vento che si era alzato da poco, gli pareva quello di una lima o di un trapano. Per cui, respinto il pensiero delle corna, cominciò a pensare ai ladri. Si alzò, infilò le pantofole, staccò dalla parete una zagaglia dalla lama acuta e tagliente, aprì la porta cautamente e in pigiama come era cominciò a scendere, uno scalino dopo l'altro, fermandosi ogni tanto a tendere l'orecchio. Il rumore era più netto, ma ogni tanto si interrompeva, come il tarlo, che non si sa se riposi un momento o se stia in sospeso ad ascoltare il silenzio. Giunto al primo piano e vicino a un finestrone con la zagaglia in una mano e l'altra che scorreva sul passamano della ringhiera, lo Spinacroce fu accecato da un lampo. Un momento dopo scoppiò un tuono. Stava scatenandosi un forte temporale, in ritardo sulla stagione. Dalle vetrate della scala si vedevano, alla luce dei lampi, le chiome dei faggi che il vento squassava potentemente spogliandoli delle foglie già morte. I pini, neri e folti, si dibattevano sollevando e lasciando ricadere come ali stanche i loro rami.

L'occhio di un testimone, di un passante, se ce ne poteva essere uno a quell'ora, con quel tempo e in luogo così poco abitato, avrebbe visto, tra i lampi, comparire e sparire la parte posteriore della macchina infilata nel bosco dal Salmarani, e poco discosto, nella stessa luce, la sagoma della spider gialla dei due giovani. Guardando verso la villa, l'ipotetico passante avrebbe visto ad un tratto accendersi le luci dell'atrio e la boccia giallastra sotto il portichetto d'ingresso. La facciata della villa gli sarebbe apparsa, con quelle luci annullate dai lampi e subito riemergenti nel buio sotto gli scrosci del temporale, simile alla fiancata di una nave nella tempesta, già piena di morti e prossima ad inabissarsi.

La bufera che scuoteva gli alberi del parco e quelli delle colline circostanti, aveva cominciato ad addensarsi sull'Appennino nelle prime ore della notte. Il Salmarani, affacciato verso il tramonto alla finestra della sua casetta di Lerici, aveva visto venire dal mare e passare sopra la costa a frotte le grosse nubi destinate a sciogliersi più tardi in cateratte d'acqua. Alcuni lampi infatti sbiancavano in quel momento le facciate delle case in tutto il golfo di Lerici. I tuoni rintronavano da un castello all'altro e l'acqua scrosciava sugli asfalti, sui tetti e sulle terrazze.

Un colpo di vento aprì la finestra del balcone dove si era affacciato qualche ora prima. Il vento si insinuò nella casa, la percorse da capo a fondo, trovò un riscontro nella finestra del bagno che era sempre aperta e, formata una corrente, poco mancò che non fracassasse porta e vetri del corridoio.

La signora Myriam balzò a sedere sul letto e accese la luce. Pensò ad Albertino e corse subito in camicia da notte al letto del giovane che era nella camera adiacente alla sua. Il ragazzo dormiva attorcigliato su se stesso. La signora andò ad assicurare l'imposta spalancata dal vento, diede uno sguardo al mare in burrasca illuminato dai lampi, poi tornò al letto del figlio e si chinò a guardarlo. Era evidentemente agitato da brutti sogni, perché ogni tanto respirava affannosamente e si portava i pugni al petto, per poi spingere le braccia in alto con le mani aperte, quasi ad allontanare qualcuno che lo opprimeva o una visione che gli appariva in sogno. Lo accarezzò lievemente sulla fronte. A quel tocco il sonno di Albertino si calmò e si fece più regolare. Myriam tornò nella sua camera, ma rimase seduta per un pezzo, con la schiena appoggiata alla testata del letto. Udiva il rumore del mare in burrasca, e tra un tuono e l'altro, rombi di macchine in fuga sotto l'acqua. Poi, prima lontano e quindi sempre più vicino, l'ululato di una sirena che un momento dopo le ferì l'udito passando sotto la sua finestra. Pompieri, o un'autolettiga della Croce Rossa. Pensò a suo marito, che a quell'ora doveva essere per strada o forse fermo sotto un portico in qualche paese deserto, in attesa che il nubifragio si sfogasse.

Il temporale aveva tolto i due amanti dal loro paradiso e li aveva richiamati alla realtà. Annichiliti dai tuoni che sembravano scoppiare sui culmini del tetto, si erano messi a sedere sul letto con le orecchie tese. La donna temeva che il vecchio, risvegliato da quel frastuono, scendesse nell'atrio per accertarsi che imposte e controimposte fossero ben chiuse. Il Salmarani se ne sarebbe andato volentieri anche subito, ma lo tratteneva il pensiero dell'acqua che scendeva a dirotto e che l'avrebbe inzuppato interamente ancora prima di arrivare al cancelletto. Maria gli consigliò di vestirsi, ad ogni buon conto. Si coprì anche lei infilandosi una sottoveste e indossando una vestaglia uscì dalla camera e andò lungo il corridoio fino alla porta. Tese l'orecchio in un momento di silenzio tra un tuono e l'altro, ma non sentì nulla. Fece girare allora lentamente la chiave nella toppa, aprì la porta e mise fuori la testa per ascoltare meglio eventuali rumori che venissero dall'alto. Non udì altro che il battere della pioggia, da fuori, contro le vetrate della scala, ma parendole che dall'ultimo piano scendesse un barlume, come se la porta della mansarda fosse aperta e ne uscisse un po' di luce, fece due o tre passi nell'atrio, col viso rivolto verso l'alto. Il Salmarani la seguì nell'atrio buio per vedere che cosa avesse attirato la sua attenzione. In quel momento si accesero le trenta lampadine del gran lampadario che pendeva nel mezzo dell'atrio. Nello stesso istante la porta che metteva sulla scala per la cantina si aprì lentamente.

Per almeno mezz'ora nell'ingresso al pianterreno della villa, come sul palcoscenico di un teatro, si svolsero le sequenze affannose di un dramma, mentre il vento calava, la pioggia si faceva meno battente e i tuoni si allontanavano rotolando sopra la pianura.

Verso le tre e mezzo la pioggia era cessata del tutto, le piante si muovevano appena agli ultimi intermittenti residui del vento e tra le nubi cominciava ad occhieggiare la luna, inargentando il paraurti della macchina del Salmarani, che a marcia indietro usciva dalla carraia e si portava sulla strada, in direzione di Langhirano.

L'alba che dopo il temporale pareva dovesse aprire il più radioso giorno di quell'autunno, si presentò livida e gravata da altre nubi tempestose, sopravvenute dai gioghi dell'Appennino.

Capitolo ottavo

Verso le nove del mattino, mentre un raggio di sole stava per uscire dalle nubi, un fattorino delle Poste arrivò in bicicletta, a ruota libera, scendendo lungo il pendio. Si fermò al cancello della villa e suonò il campanello con l'occhio al portone e alle finestre, in attesa che qualcuno comparisse. Aveva nella borsetta un telegramma indirizzato al signor Pilade Spinacroce. Dopo qualche minuto tornò a suonare, tendendo l'orecchio per accertarsi che il campanello all'interno squillasse. Non ne udì, come altre volte, il trillo robusto. Guardò le finestre con le imposte chiuse e pensò che lo Spinacroce fosse assente e la sua governante avesse dormito in paese. Voltò la bicicletta e tornò lentamente verso Langhirano, diretto alla casa della Malerba.

Appena ebbe suonato il campanello, si aprì la porta e uscì la cugina.

«È qui la signora Malerba?» chiese il fattorino. «Ho un telegramma per il signor Spinacroce e in villa non ho trovato nessuno.»

«Impossibile,» disse la cugina «se il signor Spinacroce fosse in viaggio Maria dormirebbe qui.»

Il fattorino se ne andò portandosi via il telegramma.

«Dica che lo vengano a prendere alla posta» gridò inforcando la bicicletta.

La ragazza andò in un negozio vicino e telefonò alla villa. Nessuno rispondeva. Prese allora la sua bicicletta da uno stanzino a pianterreno e se ne andò fra i campi, verso la casa dello Spinacroce. Suonò anche lei a lungo il campanello, senza che nessuno rispondesse. Appoggiò allora la bicicletta al muro e girò intorno alla cinta fino al cancelletto posteriore. Anche su quel lato le finestre apparivano tutte chiuse. Insospettita, si soffermò con lo sguardo sul viale che partendo dal cancelletto arrivava alla porta dello scantinato. Notò per terra una leva di ferro che luccicava al sole. Spinse il cancello, la cui serratura era stata forzata. Entrò e poco più avanti scoprì, posato per terra, un saldatoio col cannello della fiamma ossidrica. Si accorse che la porta dello scantinato era semiaperta e la serratura rotta.

Vicino alla porta era posata una borsa di pelle. La mosse col piede e ne vide uscire cacciaviti, tenaglie e altri ferri che dovevano essere grimaldelli. Un po' timorosa proseguì e notò sulla sinistra la caldaia e il bruciatore dell'impianto di riscaldamento, sulla destra un deposito di legna per il camino e più avanti la porta della cantina vera e propria, che era chiusa. Salì gli scalini che portavano all'atrio e trovò che la serratura della porta in cima alla scala era scardinata. Mise piede nell'atrio, che era quasi completamente al buio, e chiamò: «Maria! Maria!».

Nessuno rispose. Col cuore stretto, la ragazza attraversò tutto l'atrio, corse ad una delle finestre di fianco all'ingresso e, afferrata la cinghia di una tapparella, fece luce. Quando si voltò lanciò un urlo e si portò le mani alla testa quasi a tener fermi i capelli che le si rizzavano per il terrore. Il pavimento dell'atrio era invaso per metà da una chiazza di sangue che usciva da sotto il corpo dello Spinacroce, disteso bocconi con la testa verso il corridoio dell'*office*. Il cadavere ostruiva l'ingresso del corridoio, a metà del quale si scorgeva a terra un'altra massa informe, nella quale la ragazza riuscì a distinguere un braccio che veniva verso la luce dell'atrio presentando una mano aperta con la palma in su, quasi in un gesto di saluto.

«Maria!» gridò. Poi si precipitò per la scala della cantina, traversò di corsa il giardino, riprese la bicicletta, salì la china e si gettò a precipizio verso il paese, che attraversò, per fermarsi solo davanti alla caserma dei carabinieri.

Il maresciallo, accompagnato da due militi, si portò sul posto con una camionetta. Compì lo stesso percorso della ragazza e giunto nell'atrio vide lo spettacolo che gli era stato descritto. Scavalcò il corpo dello Spinacroce, poi quello di Maria, incespicò in un ferro da stiro che giaceva sul pavimento e andò ad affacciarsi alla porta della camera. Entrò e aprì le imposte. Vide il letto in disordine, i vestiti della donna ben disposti sopra una poltrona e la finestra chiusa. Tornò nel corridoio, constatò che la porticina di fondo non era chiusa a chiave e passò nell'atrio del quale aprì tutte le finestre. Solo allora si accorse di aver camminato nel sangue. Andò in cerca del telefono, che trovò in un salotto del pianterreno.

Un'ora dopo, macchine della Questura di Parma, del Comando dei Carabinieri e una nera col Procuratore della Repubblica seguito dal Segretario e da un medico comparvero davanti all'ingresso principale della villa che venne aperto dall'interno. Arrivò in macchina anche un fotografo. Incominciarono i rilievi più sommari, in attesa degli uomini della "Scientifica". Arrivati anche loro, furono prese molte fotografie, ma si cercarono invano impronte digitali sia sul ferro da stiro che sulla zagaglia che giaceva per terra, vicino all'ultimo gradino della scala. Ne vennero trovate alcune sul muro, dove c'erano impronte di mani aperte imbrattate di sangue, e altre sulla maniglia della porta che metteva sulla scala della cantina.

Gli inquirenti, dopo aver accertato la morte dello Spinacroce e della Malerba, conclusero che gli assassini, entrati dalla cantina, dopo aver compiuto la loro opera erano usciti seguendo lo stesso percorso o passando per la porta di servizio che dava sul parco. Vennero rilevate, in giardino, tracce sovrapposte di passi all'andata e al ritorno e i carabinieri si accorsero che in tutta la villa mancava la luce. Dopo molte ricerche e con l'intervento di un operaio dell'azienda elettrica, venne scoperto il quadro dei contatori e delle valvole dentro un armadietto a muro quasi invisibile. L'operaio trovò girato l'interruttore. Rimesso in posizione, gli inquirenti si accorsero che le sole luci che si accendevano erano quelle della lampada da notte sul tavolino accanto al letto scomposto dello Spinacroce, quelle del lampadario nell'atrio e la luce esterna, sotto il portichetto d'ingresso. Gli assassini, disse il Procuratore della Repubblica, dovevano essere pratici della villa, perché prima di abbandonare il luogo del delitto avevano tolto il contatto della forza elettrica, dimostrando di conoscere l'ubicazione del quadro degl'interruttori. Perché avessero tolto la corrente non era chiaro, ma si pensò a un mezzo per ritardare la scoperta del delitto. Le luci accese di giorno avrebbero potuto richiamare l'attenzione dei passanti, benché poca gente transitasse per quella strada.

Sul comodino della Malerba venne notato un mangianastri. Messo in moto e alzato di volume ne uscirono le ultime parole della canzone *Parlami d'amore Mariù*.

Terminati i rilievi e ordinata la rimozione dei cadaveri e la loro dissezione per stabilire le cause della morte, la villa venne chiusa e sigillata.

Mentre incominciavano le indagini con l'identificazione dei presunti ex amanti della governante, in una seconda ispezione nella villa si constatò che nulla era stato asportato. Nel portafoglio dello Spinacroce vennero trovate ottantamila lire, nella borsetta della governante sedicimila. In un cassetto nella camera di Maria altre cinquantamila lire e i suoi modesti gioielli. Nella sala da biliardo, dissimulato dietro la rastrelliera, venne scoperto un armadio. Aperti i battenti dell'armadio, apparve una porta blindata con chiusura a cifra. Dopo aver cercato invano la chiave in tutti i cassetti, fu richiesto l'intervento di uno specialista. Alla presenza del Procuratore della Repubblica la porta blindata venne aperta. Nell'interno, in un grande vano apparve una cassa da morto, appoggiata sul fondo e spalancata come un libro aperto. La cassa presentava una scaffalatura con caselle e scomparti quasi tutti vuoti, tranne due o tre dove furono rinvenute lire trecentocinquantamila in biglietti da diecimila, due libretti di banca al portatore per un importo complessivo di venticinque milioni e cinque o sei atti notarili relativi all'acquisto di immobili.

I quattro fermati, in quanto indicati da confidenti come ex amanti della Malerba, furono rilasciati dopo qualche giorno perché tutti in grado di fornire un sicuro alibi.

Tre pregiudicati della zona, interrogati a lungo, diedero sufficienti elementi per farsi ritenere estranei al delitto. Si cercò tra i conoscenti dello Spinacroce, ma non vennero in luce che figure di commercianti, in particolare mediatori, al di sopra di ogni sospetto. Risultò inoltre che nessuno era a conoscenza dell'esistenza nella villa di un armadio blindato.

Due persone si erano presentate spontaneamente alla Questura di Parma per dichiarare di aver notato, la notte del delitto, dopo l'una, una macchina nei pressi della villa. Il primo, un geometra di Milano che aveva acquistato alcuni terreni ai quali si perveniva percorrendo la strada che passava davanti alla proprietà Spinacroce, riferì che, avendo ormai completata la costruzione di un primo *bungalow* nei terreni da lui acquistati, aveva deciso di andarvi a passare la notte su di una brandina per essere sul posto la mattina di buon'ora. Transitando in automobile verso l'una, aveva notato una spider gialla posteggiata a cinquanta metri dalla villa, sul lato destro della strada e fuori dalla carreggiata, con le ruote nell'erba. L'altro testimone, un allevatore di vitelli che abitava in una fattoria a due o tre chilometri da Langhirano e che aveva sostato fino all'una di notte in un bar del paese, tornando a casa in bicicletta era stato sorpreso dal temporale proprio nei pressi della villa, poco distante dalla quale aveva notato, nella luce di un lampo, una macchina infilata dentro una carraia che saliva verso il bosco. Ne ricordava il colore chiaro e le lettere della targa: BO. Sulle lettere della targa non era del tutto sicuro, almeno per la seconda, perché ricordava la B con certezza ma sulla O aveva qualche dubbio. Avrebbe potuto essere una G. Quest'ultimo testimone, benché ripetutamente invitato a ricordare, fu in grado di escludere la presenza di una spider gialla sulla strada. Per cui gli inquirenti poterono stabilire che la macchina gialla, sempreché avesse un rapporto col delitto, doveva essere sopraggiunta dopo il passaggio del contadino e prima del passaggio del geometra. Le due macchine erano quindi arrivate sul posto in due tempi diversi. L'accertamento non apriva alcuna ipotesi.

Durante un'accurata perquisizione in casa della Malerba venne trovata una lettera proveniente da Modena e datata del cinque agosto di quell'anno, cioè circa due mesi prima del delitto, nella quale un tale che si firmava Benito rimproverava la destinataria Maria Malerba, che secondo lui si era messa su una strada sbagliata trascurando insensatamente le proposte vantaggiose che le aveva fatto. Nelle ultime righe della lettera, il mittente arrivava addirittura a ventilare una minaccia: "Ti pentirai".

Le indagini si diressero verso Modena e si venne a sapere che alcuni mesi prima la Malerba aveva dormito più volte in un albergo della città. Nelle stesse notti aveva preso alloggio nel medesimo albergo, ma in altra camera, tal Benito Durando, domiciliato a Modena presso una sorella sposata a un maestro elementare. Risultò che il Durando lavorava come produttore di fondi d'investimento per una società straniera, la "Bornfil". Purtroppo il giovane da quasi due mesi mancava da Modena. La sorella pensava che si trovasse a Ginevra, presso una rappresentanza della "Bornfil". Fu interessata l'Interpol e il Durando venne rintracciato a Marsiglia, dove non si interessava più di fondi d'investimento ma di importazioni ed esportazioni. Su invito della polizia, tornò in Italia per dare conto di sé. Ammise di aver avuto dei rapporti con la Malerba, ma dichiarò di essere partito per Ginevra un giorno o due prima del delitto e indicò l'albergo presso il quale era sceso, nelle vicinanze della stazione di Cornevin. Nell'albergo indicato dal Durando non risultò la sua presenza. Messo a confronto con la sorella, costei si corresse e precisò che non era partito due mesi prima ma solo da dieci o dodici giorni, o meglio che era andato a Ginevra due mesi avanti, ma poi era rientrato, ripartendo definitivamente solo dieci giorni prima.

Il Durando venne fermato. Le sue impronte digitali non corrispondevano per nulla a quelle rilevate nella Villa Spinacroce, ma risultò che solo cinque giorni prima della partenza aveva venduto una macchina "Lancia" di colore chiaro con la targa di Bologna. Risultò anche che due anni prima era stato fermato dalla Questura di Roma durante le indagini per l'uccisione di una mondana, ma poi rilasciato avendo provato di essere un semplice cliente dell'assassinata. Proprio mentre su di lui si addensavano i sospetti, arrivò da Ginevra una comunicazione con la quale, a rettifica di una comunicazione precedente, si precisava che Benito Durando aveva dormito nell'albergo da lui indicato per tre sere consecutive, la seconda delle quali corrispondeva alla data del delitto. L'indiziato venne rilasciato, ma con l'obbligo di non recarsi all'estero fino a nuovo ordine e di comunicare i suoi eventuali mutamenti di domicilio in Italia.

Il Durando, preoccupatissimo per i sospetti dei quali si vedeva oggetto, non stette con le mani in mano. Scrisse, telefonò e infine fece venire da Ginevra il direttore della "Bornfil" insieme al proprietario di un ristorante, perché si presentassero spontaneamente al Procuratore della Repubblica a dichiarare che nel giorno del delitto, in quello precedente e in quello successivo, avevano parlato due o tre volte al giorno con lui a Ginevra. Unite al controllo della polizia ginevrina sul soggiorno del Durando in quegli stessi giorni in un albergo della città, le testimonianze dei due svizzeri parvero decisive al fine di escludere ogni sua partecipazione al delitto.

L'autopsia effettuata sui due cadaveri accertò che tanto lo Spinacroce che la Malerba erano morti per sfondamento della teca cranica. Sul loro corpo non venne trovato altro segno di violenza. Il mezzo col quale erano stati uccisi era presumibilmente il ferro da stiro trovato per terra, presso il cadavere della donna.

La diligenza degli inquirenti arrivò al punto d'interrogare anche il noleggiatore d'automobili Angelo Beretta, il quale dichiarò di aver portato a Parma lo Spinacroce un mese prima e di averlo riportato alla villa un'ora dopo. Null'altro poteva dire sul suo cliente.

Seguirono intanto i funerali, primo quello della Malerba, al quale partecipò una folla di persone. Tra di loro la polizia cercò invano qualche faccia sospetta. Al funerale dello Spinacroce, dietro il carro comparve soltanto il Salmarani a braccetto della moglie che teneva per mano Albertino. Davanti c'erano tre preti. I due inservienti del Comune che avevano caricato la cassa camminavano di fianco al carro.

Lo strano funerale fu osservato e in parte seguito a distanza da una macchina targata Parma, che doveva essere della polizia.

L'autorità giudiziaria mantenne a sua disposizione la villa per ulteriori indagini, provvedendo intanto a sbarrarne gli accessi e ad apporre dei sigilli sull'unica entrata rimasta praticabile.

Capitolo nono

Gli inquirenti potevano dire di avere sfogliato il carciofo fin quasi al cuore. Infatti non restava che l'indagine sui familiari delle vittime. La Malerba era orfana di padre e di madre e non aveva né fratelli né sorelle. La zia e la cugina, in casa delle quali teneva il figlioletto di cinque anni, erano fuori discussione. Il padre del bambino altrettanto, perché non si sapeva neppure chi fosse. La stessa Malerba aveva confidato alla zia di essere incerta fra due o tre padri.

Ci fu perfino chi, parlando qua e là, mise in giro la voce che lo Spinacroce e la Malerba si fossero conosciuti cinque o sei anni prima, a Parma, quando lo Spinacroce aveva fatto un viaggio in Italia per studiare il progetto di trasferimento che aveva già in mente fin da allora.

Il Commissario Raffaele Cavagna volle interrogare anche il giardiniere Pietro Corbari, un uomo di cinquant'anni che lavorava a giornata nella villa. Il giardiniere abitava a Langhirano e prestava la sua opera il giovedì, il venerdì e il sabato. Interrogato sui rapporti che intercorrevano tra lo Spinacroce e la sua governante si strinse nelle spalle.

«Io rastrello le foglie morte,» disse «pulisco i viali del parco e bado all'orto dietro casa. Entravo nei locali della villa solo al sabato pomeriggio, quando la Malerba mi pagava le tre giornate.»

«Conosce il Salmarani?» domandò il Commissario.

«L'ho intravisto, un sabato, con la moglie e il figlio, nel parco.»

«Della Malerba, cosa le risulta?»

«Nulla» rispose il giardiniere.

«La sera del delitto dov'era?»

«A casa mia, con mia moglie e le mie due figlie. Sono andato a dormire alle ventidue.»

L'alibi, debitamente controllato, risultò ineccepibile.

Certe voci, raccolte dal Commissario di Pubblica Sicurezza Raffaele Cavagna, portarono l'abile funzionario a risalire verso i familiari dello Spinacroce, certamente interessati ad impedire un eventuale suo matrimonio o una legittimazione che avrebbe comportato una suddivisione dell'eredità.

Di familiari, lo Spinacroce non aveva che la figlia Myriam, il genero Salmarani e il nipote Albertino. Non fu difficile accertare che la figlia viveva ormai da mesi a Lerici, nella casa che il padre le aveva concesso in uso.

Il dottor Cavagna, tornato da Lerici dove aveva interrogato la signora Myriam, andò a Bergamo e si presentò all'oculista, nel suo studio. Vide l'infermiera Lucia che gli fece drizzare le orecchie perché aveva già saputo che il medico era uno scostumato. A così stretto contatto con un uomo di quel genere, che in più viveva normalmente lontano dalla moglie, gli parve che la ragazza potesse aver assunto compiti o attribuzioni diverse da quelle che indicavano il suo camice bianco e il suo contegno irreprensibile.

Arrivato a Bergamo nella mattinata, il dottor Cavagna aveva già avuto un incontro alla Questura con un collega. Nello studio del Salmarani si presentò alle quindici, per poter parlare prima con l'infermiera Lucia, che a quanto aveva saputo entrava nello studio a quell'ora e faceva accomodare gli eventuali clienti in attesa del medico che arrivava alle sedici.

Scambiandolo per un cliente, Lucia gli indicò una sedia, ma il Commissario si qualificò e le chiese cortesemente di voler rispondere a qualche sua domanda. Lucia lo fece passare allora nel secondo locale dello studio e sedette di fronte a lui.

«Di che provincia è lei?» chiese il dottor Cavagna dando per sicuro cne la ragazza fosse siciliana.

«Ragusa» rispose Lucia. «E lei?»

«Pavia.»

«Da quanto tempo è col dottor Salmarani?»

«Quasi un anno.»

«E la sua famiglia?»

«Sono sposata e ho casa a Bergamo.»

«Figli?»

«Nessuno.»

«Suo marito lavora a Bergamo?»

«No. In Germania, a Düsseldorf. Viene a casa due volte l'anno.»

«Come si trova col dottor Salmarani?»

«Benissimo.»

«Quando ha saputo della morte del suocero?» domandò allora.

«Qualche giorno dopo.»

«Da chi?»

«Dai giornali. E anche dal dottore. Era molto abbattuto.»

«È mai mancato dallo studio in quei giorni?»

«Solo il giorno del funerale. Mi pare che fosse un mercoledì.»

«Il dottore le ha detto che si trattava di un assassinio?»

«Certamente.»

«E non ha esternato qualche sospetto, qualche ipotesi?»

«No. Diceva che si trattava di una cosa inspiegabile, perché gli assassini non avevano rubato nulla. E il vecchio non aveva nemici. Le stesse cose che dicono i giornali.»

«Il dottore ha sempre continuato a lavorare? Non è mai rimasto a casa? A consolare la moglie?»

«Sta in casa ogni giorno fino alle undici, poi dalle diciassette e trenta fino al giorno dopo, a quanto so. La moglie e il figlio dopo i funerali sono tornati a Lerici.»

«Conosce la signora?»

«L'ho vista una volta sola, sei mesi or sono, per la strada, di sera, col marito e col figlio. Allo studio non viene mai. Mi pare cha la signora stia sempre in una casa al mare, col figlio.»

Aveva appena detto "col figlio" che la porta verso

il pianerottolo si aprì di colpo e si sentì un passo sicuro che veniva avanti in anticamera.

Il medico spalancò la porta dello studio con una faccia minacciosa e guardò interrogativamente Lucia.

«È un Commissario di Pubblica Sicurezza» disse la ragazza «che aspetta lei.»

Si alzò e andò in anticamera.

Il dottor Salmarani, dopo essersi presentato al Commissario, chiuse la porta, lo fece sedere di fianco alla sua scrivania, gli offrì una sigaretta, si sdraiò nella sua poltrona girevole e si dichiarò a disposizione della legge.

«Lei vorrà scusare,» cominciò il dottor Cavagna «ma si renderà conto che è nostro dovere d'inquirenti, in un caso come questo, sentire un po' tutti. Specialmente i familiari delle vittime.»

«Certamente, certamente. È vostro dovere. So che lei è stato ieri a Lerici...»

«Appunto, appunto. Ed ora sono qui, per le solite domande. Mi dica: suo suocero, aveva amicizie, conoscenze, legami, magari non noti a tutti, ma che lei ha avuto occasione di venire a conoscere?»

Il medico fece finta di pensare, ma dovette dichiararsi non informato, in quanto i suoi rapporti col suocero erano stati sempre superficiali e indiretti, attraverso la moglie. Gli fece la storia dell'opposizione dello Spinacroce al suo matrimonio con la figlia, poi della riconciliazione dopo il ritorno definitivo del suocero in Italia, riconciliazione formale, più con la figlia che con lui.

«Quando ha visto lo Spinacroce per l'ultima volta?» chiese con aria svagata il Commissario.

L'interrogato alzò le sopracciglia, strinse le labbra e dopo aver pensato un po' disse:

«Quando accompagnai l'ultima volta mia moglie alla villa perché parlasse con lui. Due mesi or sono e forse più.»

«Da allora» continuò il Commissario «non ha avuto più occasione di tornare alla villa?»

Senza neppure riflettere un istante, il Salmarani rispose di no.

«Lei possiede un'automobile "Lancia" color latte?» domandò il Commissario.

«Sì. Da due anni.»

«È la macchina con la quale andava ogni sabato a Lerici?»

«Precisamente.»

«Dove tiene abitualmente la sua macchina?»

«Nel garage sotto casa.»

«Dopo la morte di suo suocero ha fatto lavare la macchina?»

«Sì. Due volte.»

«Dentro e fuori?»

«Sì. Dentro e fuori.»

«E sui rapporti tra suo suocero e la Malerba, che cosa è in grado di dirmi?»

«Nulla. Sospetti, nient'altro che sospetti. Ma certo non escludo che tra loro ci fosse qualcosa di poco pulito. In paese la gente parlava. Poi, la Malerba aveva dei precedenti in fatto di relazioni amorose.»

«Qual era, secondo lei, la consistenza patrimoniale di suo suocero?» continuò il Commissario senza raccogliere.

«Occhio e croce, in stabili sugli ottocento milioni.»

«E in denaro? In titoli? In gioielli?»

«Si dice che mio suocero abbia portato dal Sud America un certo capitale. In verità, laggiù aveva guadagnato, in tanti anni. Ma dire quanto, non potrei. Forse mia moglie ne saprà più di me.»

«No,» tagliò netto il Commissario «sua moglie ne sa come lei, non di più. Eppure, la storia della cassa da morto...»

Il medico sorrise: «Sì. L'ho sentita anch'io. Mio suocero avrebbe portato dall'Argentina molta valuta pregiata dentro la bara della moglie, che aveva sepolto laggiù, in un giardino. Ma mi sembra una leggenda. D'altra parte si potrebbe indagare. Poi, so che mio suocero è stato per parecchi mesi all'albergo. Si fa presto a sapere se aveva sotto il letto una cassa da morto».

«Risulta» insistette il dottor Cavagna «che la cassa da morto non era una leggenda, e che fu aperta nel *caveau* di una banca di Parma.»

«Sarà. Se c'è, verrà fuori. Non domando di meglio, nell'interesse di mia moglie e di mio figlio. Intanto andrò in quella banca a chiedere l'apertura della cassetta di sicurezza intestata a mio suocero, sempreché avesse una cassetta di sicurezza.»

«Desidererei ancora qualche precisazione» disse il Commissario.

Il Salmarani aprì le braccia: «Tutto quello che vuole!».

«Lei andava ogni settimana a Lerici per stare una giornata con sua moglie e con suo figlio. Che strada faceva?»

«Ce n'è una sola: la Cisa.»

«E a che ora partiva da Bergamo?»

«Sempre verso sera tra le diciotto e le diciannove.»

«E arrivava?»

Il Salmarani sorrise. «Al mattino alle otto.»

«Come mai? Impiegava più di dodici ore a fare quel percorso?»

Il medico gli spiegò pazientemente che si fermava per la strada a cena e gli citò due o tre ristoranti dove solitamente sostava. Gli disse poi delle sue dormite sugli altipiani, nella piazza di Pontremoli, a Tellaro o sul Monte Marcello.

«Sono un nottambulo!» concluse.

«Non ne dubito» disse il Commissario, che, raccolte a verbale le dichiarazioni del medico, gliele fece firmare, si alzò, si congedò educatamente e se ne andò dando un'ultima occhiata all'infermiera che aveva l'aria di aver sentito tutto da dietro la porta.

"Ci rivedremo" pensò.

Qualche giorno dopo il Salmarani andò a Lerici a prendere la moglie che aveva deciso di rientrare a Bergamo, forse per consiglio del dottor Cavagna. Infatti incominciarono le visite del Commissario e le chiamate in Questura, estese anche alla domestica Florinda che prestava servizio a ore in casa Salmarani e all'infermiera Lucia Jelo.

La cosa che sorprese di più gli inquirenti fu l'abitudine del medico che tutte le settimane andava da Bergamo a Lerici in automobile partendo alla sera e arrivando alla mattina, tanto nel viaggio di andata al sabato quanto in quello di ritorno, alla domenica. La strana circostanza venne nuovamente contestata al Salmarani, che fornì la stessa spiegazione che aveva dato alla moglie e al dottor Cavagna sul suo gusto del viaggiare di notte. Venne fuori anche il particolare, incredibile e inspiegabile, di una cartolina spedita alla moglie dal Passo della Cisa. Il dottor Cavagna insistette tanto che finì col venirne in possesso. Se la girò tra le mani, la guardò davanti e di dietro e lesse a mezza voce: «Saluti notturni dal Passo della Cisa», scuotendo lentamente la testa. Il medico descrisse al Commissario e anche al Procuratore della Repubblica il suo modo di viaggiare in tutti i particolari, precisando che percorreva invariabilmente la strada della Cisa attaccandola verso Sanguinaro, appena dopo Fidenza, transitando da Noceto e da Fornovo e poi salendo fino al passo. Escluse nel modo più assoluto di aver mai deviato per Langhirano né di aver attaccato la traversata dell'Appennino da Parma, passando per Langhirano e tagliando poi per Fornovo. Si fermava lungo la strada, qualche volta anche delle ore, ma chilometri in più non ne faceva. Il Cavagna gli rammentò che da un interrogatorio della moglie risultavano certe sue deviazioni mattutine verso Bocca di Magra e il Monte Marcello. Ma il Salmarani spiegò che quelle eccezioni erano dovute alla grande attrattiva che esercitavano su di lui il mare e lo spettacolo dell'alba, oltre che alla necessità di fare un po' tardi, per non svegliare anzitempo la moglie e il figlio.

L'automobile "Lancia" color latte targata BG venne mostrata all'allevatore di vitelli che aveva dichiarato di averne vista una targata BO dentro una carraia nei pressi della Villa Spinacroce. L'allevatore non escluse che si potesse trattare della stessa macchina. In quanto alla targa, disse di ricordare esattamente la B ma di non poter affermare con certezza se fosse seguita da una O o da una G. La sua lettura era avvenuta alla luce di un lampo.

La macchina del dottor Salmarani fu presa in consegna dalla polizia scientifica, che sotto un tappetino del posto di guida repertò un pezzo di fango secco. Esaminato chimicamente in un laboratorio specializzato, quel fango risultò composto dagli stessi elementi presenti in vari campioni di terra prelevati nel giardino della Villa Spinacroce, in prossimità delle orme imprecise e sovrapposte notate la mattina successiva al delitto.

Tracce di sangue sul sedile e sui pedali non ne vennero trovate. Ma la macchina era stata lavata e pulita all'interno e all'esterno almeno due volte tra la sera del delitto e il momento delle constatazioni giudiziarie, secondo quanto aveva dichiarato lo stesso Salmarani.

Infine il Commissario domandò al Salmarani dove avesse cenato nel viaggio di andata a Lerici il sabato.

«A Fornovo» rispose prontamente l'interrogato.

«In quale ristorante?»

«Nel miglior ristorante di Fornovo, quasi fuori del paese, sulla destra lungo la statale.»

Il dottor Cavagna invitò il medico a una passeggiata con lui fino a Fornovo, dove lo mise a confronto col proprietario del ristorante e con un cameriere i quali riconobbero il Salmarani come un cliente che almeno due volte al mese si fermava a cenare verso le venti. I due ricordarono d'averlo servito il sabato prima del delitto. Il che tuttavia dava conto soltanto d'una sosta di non più di un'ora, con tutto il tempo per il Salmarani di raggiungere Langhirano e la Villa Spinacroce prima di mezzanotte.

Secondo il Commissario Cavagna, al punto in cui erano arrivate le indagini si andava delineando la possibilità di coinvolgimento del Salmarani. I suoi viaggi notturni, il tipo di macchina che era stato notato nei pressi della villa la notte del delitto e gli stessi atteggiamenti di troppa sicurezza dell'indiziato, fornivano materia per una ipotesi di colpevolezza che tuttavia abbisognava di una rivelazione decisiva, forse non lontana. «Il diavolo» diceva il Commissario «fa le pentole ma dimentica di fare i coperchi.»

Capitolo decimo

La domestica Florinda, interrogata in Questura, disse che il Salmarani ogni lunedì mattina, quando ritornava da Lerici, si faceva una doccia. Anche il lunedì successivo al delitto si era fatto una doccia. Richiesta se avesse notato quel giorno un vestito del Salmarani macchiato di sangue, lo escluse recisamente.

I giornali, e specialmente i rotocalchi, si erano impossessati del caso e avevano cominciato a pubblicare grandi fotografie del Salmarani. I giornalisti indagavano sulla sua vita privata e lo dipingevano come un libertino, amico di diverse donne nello stesso tempo, avido di denaro e in poche parole più che capace di un delitto. L'opinione pubblica gli era contraria e anche a Bergamo nessuno spendeva una parola in sua difesa.

Lucia, l'infermiera, interrogata dal dottor Cavagna, lasciò correre qualche confidenza, forse irritata contro il suo principale, dopo aver letto sui giornali di che bel tipo si trattasse. Disse innanzitutto che la mattina del lunedì dopo il delitto il medico apparve, se non sconvolto, certo molto diverso dal solito, col polso malfermo e continuamente distratto, come se avesse il pensiero altrove. Ma aggiunse che spesso, al lunedì, il medico sembrava stanchissimo e mezzo addormentato.

«A me basta un niente per incastrarlo,» le diceva il Cavagna «un particolare da nulla, una mezza prova, che non dirò neppure dove l'ho raccolta... cerca di ricordare.»

E Lucia ricordò. La sera di quel lunedì, nello svuotare il bidoncino smaltato dove si gettavano le medicazioni, aveva trovato un pezzo di garza e del cotone sporchi di sangue. Quella mattina, andando al lavoro alle dieci, trovò che il dottor Salmarani era già nel suo gabinetto, mentre di solito vi andava dopo le dieci e mezzo per incominciare alle undici le visite. Quel sangue doveva averlo deterso dalla sua persona, perché durante tutta la giornata non si era dato mai il caso di una medicazione ad un paziente.

«Càpitano» chiese il Commissario «delle medicazioni di ferite?»

«Càpitano. Per esempio nel caso di lesioni ad un occhio per incidenti sul lavoro, ma raramente. Quel giorno tuttavia non capitò, né alla mattina né al pomeriggio.»

«Quindi» concluse il dottor Cavagna «il Salmarani quella mattina, prima che tu arrivassi, si era pulito del sangue che aveva indosso?»

«Penso,» rispose Lucia «ma per quel che so poteva anche trattarsi di sangue dal naso...»

Il Procuratore della Repubblica pochi giorni

dopo mise a confronto il medico e la sua infermiera. Il Salmarani negò recisamente di aver gettato cotone o garze imbrattate di sangue nel bidoncino dello studio. L'infermiera insistette.

Mentre i giornali pubblicavano la notizia del confronto e il giorno dopo prevedevano come imminente l'arresto del medico, appariva anche la notizia che le impronte digitali rilevate sul muro dell'atrio e impresse da mani sporche di sangue non appartenevano né al medico né ad alcuna delle vittime. Il che faceva pensare alla presenza, nella notte del delitto, di altre persone. Questa considerazione dovette certo risultare determinante alla mente del Procuratore della Repubblica, che si astenne dall'emettere un ordine di cattura e passò gli atti al Giudice Istruttore.

"Si cercano i complici e forse i veri assassini" diceva un importante quotidiano. "La spider gialla, enigma principale nel duplice omicidio della Villa Spinacroce" si leggeva su un altro quotidiano.

Proprio in quei giorni, Giorgio Felegatti venne convocato in Questura e interrogato.

«Quindici giorni or sono» gli disse un Commissario «sulla statale per Fornovo lei non si è fermato all'ingiunzione di una pattuglia della Stradale. Erano le quattordici e lei procedeva in direzione di Parma.»

Il Felegatti non ricordava d'aver superato un posto di blocco su quella strada. Il Commissario gli credette e lo congedò con una semplice ammonizione, ma lasciandogli il sospetto che la storia del posto di blocco fosse un pretesto utile a qualche verifica degli inquirenti che indagavano sul delitto di Langhirano. Gli vennero infatti chiesti i dati della macchina dal momento che la spider gialla era di sua proprietà.

Convinto, lui e il suo amico Bonomelli, che la polizia fosse sulle loro tracce, i due cominciarono ad agitarsi in previsione di un fermo. Essi sapevano che le impronte rilevate sul muro erano state lasciate dalle loro mani. Durante una delle angosciose consultazioni nelle quali passavano le giornate, ricostruendo e valutando senza posa l'andamento delle indagini quale risultava dai giornali e dalle voci correnti, il Felegatti si accorse che gli inquirenti non avevano accertato che vestito indossasse il Salmarani durante il suo ultimo viaggio a Lerici in automobile. Ne dedusse che il medico, il quale non poteva non essere anche lui abbondantemente sporco di sangue, doveva aver distrutto il vestito che indossava quella notte, non avendolo potuto pulire e non avendo certo osato portarlo in una lavanderia.

Alcuni giorni dopo, giornali e rotocalchi pubblicarono una notizia sensazionale. Un guardiapesca, tal Enrico Martinoli, di Gandino, un paesello della Valcavallina vicino al lago di Endine a circa trenta chilometri da Bergamo, aveva riconosciuto nelle fotografie del Salmarani apparse sui rotocalchi un uomo da lui notato la mattina dopo il delitto sulla riva del laghetto in atteggiamento sospetto. Lo sconosciuto era rivolto verso il lago in atto di scrutarne la superficie. Il guardiapesca aveva pensato a un pescatore di frodo, di quelli che pescano con esplosivi o col cloro. Ma si era subito reso conto di aver sbagliato, rilevando l'aspetto del sospettato, che era quello di un professionista o di un impiegato elegantemente vestito. Aveva anche osservato, sulla strada, un'automobile di color chiaro targata BG. Il Martinoli, parlando col Giudice al quale si era spontaneamente presentato, aveva riferito di aver avvicinato lo sconosciuto, il quale volgendosi gli aveva detto: «Bella mattina, no?». E poi: «È vero che questo lago è caldo?».

Il Salmarani, messo a confronto col guardiapesca, negò così recisamente l'incontro da mandare all'aria il riconoscimento. Infatti il Martinoli, dopo aver guardato bene il medico, non si dichiarò del tutto sicuro che si trattasse della stessa persona con la quale aveva parlato quella mattina.

I due giovani della spider alla lettura della notizia esclamarono: «È incastrato. Se noi facciamo una telefonata al Giudice Istruttore di Parma per dirgli che si affretti a ricercare l'abito che indossava il Salmarani durante il suo ultimo viaggio a Lerici, mettiamo negli atti una prova insuperabile contro il medico, perché è assolutamente certo che quel vestito lo ha gettato nel lago di Endine e non potrà certo produrlo al Giudice Istruttore».

La stessa moglie del Salmarani, secondo il Felegatti e il Bonomelli, doveva aver notato la scomparsa dell'indumento. E se taceva, era perché non aveva alcun interesse a veder condannato il marito.

A Lerici qualcuno aveva certamente notato, quella domenica, che vestito aveva indosso il Salmarani. La stessa infermiera poteva ricordare quello che portava il suo principale la mattina del sabato. Infine, non era impossibile venire a sapere quanti e quali vestiti il Salmarani possedesse e verificare se uno mancava. Si poteva interrogare il suo sarto. Secondo i due giovani, la chiave dell'accusa era quella e, temendo che un giorno o l'altro le indagini in corso li avrebbero raggiunti, pensarono di perfezionare la prova per tenerla pronta in caso di necessità. Essi infatti sapevano che il giorno in cui la polizia li avesse chiamati, anche per un vago sospetto, non avrebbe certo omesso di prendere le loro impronte e di confrontarle con quelle rilevate nella villa. Convinti che l'accertamento della loro presenza sul luogo del delitto li avrebbe perduti, decisero di tentare il recupero degli indumenti del Salmarani.

Un pomeriggio, con una tuta da subacqueo, il Felegatti, che si dilettava di quello sport, entrò nelle acque del laghetto di Endine in località Torbiera e dopo varie immersioni portò a riva un grosso e pesante involto, legato con una robusta corda. Ispezionato, risultò contenere un vestito completo, avvolto intorno a cinque pietre della grossezza di una mela.

Soddisfatti dell'operazione, ma preoccupati di completare l'indagine con altre prove, i due pensarono di andare a Bergamo per arricchire con altre informazioni gli elementi che ormai avevano nelle mani.

Si proposero innanzitutto di conoscere l'infermiera del Salmarani e di avvicinarla, poi di stabilire chi era il sarto del medico.

Esaminato il vestito in casa del Felegatti, i due vi avevano trovato evidenti tracce di sangue. Convinti di aver provveduto alla loro salvezza, partirono per Bergamo con la spider che il Felegatti adoperava ormai solo fuori città.

Arrivati a Bergamo, posteggiarono la macchina in Piazza Grande, davanti al Caffè Tasso, dove entrarono a bere un bitter. Il Bonomelli sfogliò con aria indifferente la guida del telefono e annotò l'indirizzo dello studio oculistico del dottor Salmarani.

Suonavano le dieci alla torre di palazzo quando i due rintracciarono l'entrata dello studio. Sulla targa si leggeva che il medico riceveva dalle undici alle dodici e dalle sedici alle diciotto, solo per appuntamento.

Il Bonomelli ebbe un'idea: perché non andare, uno di loro, a farsi visitare dal Salmarani? Era il mezzo migliore per studiarlo da vicino e innanzitutto per conoscere l'infermiera. Poteva darsi che il medico, facendo eccezione a quanto aveva fatto scrivere sulla targa e non avendo nessuno sotto visita in quel momento, ricevesse anche senza appuntamento, specialmente presentandosi dieci minuti prima delle undici, o a mezzogiorno in punto se alle undici l'anticamera fosse stata piena di pazienti.

Alle undici meno dieci il Felegatti suonava il campanello alla porta dello studio, mentre il Bonomelli, dopo aver dato un'occhiata alla Cappella Colleoni, andò ad aspettarlo al Caffè Tasso.

L'anticamera era vuota e l'infermiera, molto gentile, assicurò il giovane che il medico l'avrebbe visitato subito. Inquieto, il Felegatti guardava ora il diploma di laurea del medico messo sotto vetro su di una parete, ora alcune coppe d'argento custodite in una vetrina. Si aprì finalmente la porta dello studio e l'infermiera lo introdusse nel gabinetto del medico.

Il Salmarani, con indosso un camice bianco, si fece incontro al cliente e lo invitò a sedere davanti alla sua scrivania.

«Da un po' di tempo» cominciò il Felegatti «ho degli improvvisi abbassamenti di vista e certe volte è come se avessi delle mosche davanti agli occhi, specialmente nelle ore del mattino.»

Al suono di quella voce, il medico ebbe un trasalimento. Si domandò dove l'avesse già sentita. Ad ogni modo, per prender tempo, tolse dal cassetto una scheda e rivolgendosi al cliente incominciò a chiedergli nome, cognome, età, malattie infantili e tutto quanto occorreva per stabilire i precedenti clinici del nuovo paziente. Il giovane, alla richiesta del nome e cognome, non avrebbe voluto rispondere, ma, dopo un attimo di perplessità, disse: «Antonio Invernicci».

«Di Bergamo?» chiese il medico con la biro alzata.

«Non proprio. Di qui vicino, di Seriate» precisò il Felegatti.

Il medico scrisse "Seriate", poi alzando gli occhi in faccia al cliente gli domandò: «Via?».

«Carlo Botta, numero quarantasei» rispose tutto d'un fiato il giovane.

Compilata la scheda, il medico lo invitò a togliersi la giacca e a passare nella camera oscura adiacente allo studio, dove lo fece sedere sopra uno sgabello di metallo. Con un faretto in fronte cominciò ad esplorargli il fondo dell'occhio destro. Ma di colpo posò gli strumenti, si tolse dal capo la fascia metallica col faretto e lasciando pensare al cliente che andasse in cerca di qualche altro strumento, gli disse: «Aspetti un momento. Non si muova».

Tornato nello studio prese da un cassetto della scrivania la guida del telefono, la aprì alle pagine di Seriate e cercò al nome Invernicci. Ne trovò parecchi, ma nessuno stava in via Carlo Botta. Scorrendo le colonne non trovò neppure la via Carlo Botta.

In quel momento gli parve di ricordare dove avesse sentito quella voce. Nella villa del suocero, si disse, quando si era rinchiuso nel bagno e aveva sentito nell'atrio una voce che gridava: «Bonomelli! Corri! C'è qualcuno!».

Si alzò di scatto, andò all'attaccapanni al quale l'infermiera aveva appeso la giacca del cliente, infilò la mano in una tasca e ne tolse una lettera indirizzata ad Alfredo Felegatti, Parma, via Carlo Botta n. 00. Intascò la lettera e ritornò nella camera oscura dove finse di continuare nell'esame oculistico del giovane.

Finita la visita, lo invitò a seguirlo nello studio, lo fece sedere e compilò una ricetta dicendogli: «Per intanto si metta qualche goccia di collirio negli occhi. Ma penso che ci rivedremo».

«Perché?» chiese il Felegatti. «Ha trovato qualche cosa?»

«Prenda la sua giacca e se ne vada» tagliò corto il medico, consegnandogli la ricetta che aveva piegato in quattro.

«Quanto le devo?» mormorò il giovane.

«Vada, vada!» gridò il medico alzando sempre più la voce.

Arrivato al Caffè Tasso dove l'aspettava il Bonomelli, il Felegatti nel sedersi mise una mano in tasca e si accorse che gli mancava una lettera ricevuta quel mattino. D'improvviso tutto gli fu chiaro. Il Salmarani, chissà come, l'aveva riconosciuto e ormai anche identificato.

Mentre i due si consultavano pieni di spavento, il medico, che aveva seguito a distanza lo strano cliente, passò davanti al Caffè Tasso e gettò uno sguardo all'interno.

Il Felegatti e il Bonomelli si videro perduti. Si alzarono, e sempre guardandosi indietro si diressero al posteggio dove avevano lasciato la macchina, vi salirono e presero la prima strada in discesa per allontanarsi il più presto possibile da Bergamo. Ma si trovarono, dopo varie giravolte, sempre nella città alta, senza essere riusciti a infilare la strada giusta. Sostarono allora lungo un viale e ripresero con più calma ad esaminare la situazione.

Il Felegatti era del parere di affrontare il medico e di minacciarlo con la prova del vestito, prima che andasse dal Procuratore della Repubblica ad accusarli. Il Bonomelli fu d'accordo.

Come se, trovata quella soluzione, le strade verso il basso si aprissero di colpo davanti ai loro occhi, passarono sotto una porta monumentale e in pochi minuti furono nella città bassa, dove entrarono in un caffè per telefonare al medico. Il Bonomelli aveva afferrato una guida telefonica per cercare il numero, ma il Felegatti, togliendo di tasca la ricetta la dispiegò e disse:

«Ce l'ho qui il numero, nella sua ricetta.» E aprì il foglietto che era piegato in quattro. Ma fece un salto e mostrandolo all'amico disse:

«Leggi.»

L'altro sbarrò gli occhi quando al posto delle solite indicazioni lesse queste parole: «Dov'è il Bonomelli?».

«Ma questo è proprio un diavolo!» esclamò il Felegatti. «Come fa a sapere il tuo nome?»

Il medico doveva già essere rientrato nel suo studio perché rispose al telefono.

«Sono Felegatti» disse il giovane «inutile che glielo nasconda, perché lei lo sa già. Sono qui col Bonomelli e abbiamo bisogno di parlarle. Forse è meglio per tutti. Possiamo venire nel suo studio?»

«Sì,» rispose il medico «ma alle dodici e tre quarti, quando se ne sarà andata la mia infermiera.»

Il colloquio fu breve. Il medico si dichiarò in grado di accusarli e di poter dimostrare che quella notte i due giovani erano presenti nella villa al momento dell'assassinio dello Spinacroce e della Malerba e che le impronte rilevate dalla polizia sul muro erano le loro. Il Felegatti non negò la sua presenza insieme all'amico nella villa, ma si disse in grado di dimostrare a sua volta che l'assassino era il medico, e che se lui poteva indicare alla polizia le loro impronte digitali, loro erano in grado di presentare addirittura il vestito che indossava in quella notte, perché l'avevano ripescato nel lago di Endine ancora con tracce di sangue.

«A questo punto» disse il medico «c'è materia per andare all'ergastolo tutti e tre. Per cui, vi faccio una proposta: non ci incontreremo più, non ci telefoneremo e non ci scriveremo. Ma prendiamo l'impegno di astenerci da qualunque reciproca accusa. Affronterò la giustizia da solo, confidando in un'assoluzione, fosse pure per insufficienza di prove. Solo in caso di condanna, ricorrendo in Appello, accuserò voi con prove alla mano. Ho assistito all'assassinio di mio suocero dal buio del corridoio e mi sono chiuso nel bagno quando il Bonomelli è entrato nella camera della donna per ucciderla.»

«Non è vero,» gridò il Bonomelli «noi eravamo dietro la porta della scala che va in cantina.»

I due giovani finirono con l'accettare la proposta del medico, riservandosi di adoperare le loro armi, una delle quali era il vestito, solo nel caso che il Salmarani si decidesse ad accusarli.

Capitolo undicesimo

Molto tardivamente, il Giudice Istruttore, ritornato sulla deposizione del guardiapesca Martinoli, pensò che il Salmarani la mattina in cui fu visto di buon'ora in riva al lago di Endine stesse sbarazzandosi di qualche cosa di compromettente. Senza preoccuparsi dei dubbi del guardiapesca sul riconoscimento, si portò in località Torbiera e a mezzo dei carabinieri sommozzatori fece ispezionare il tratto d'acqua che gli venne indicato dal Martinoli. Non si trovò nulla, ma durante le operazioni un pescatore, avvicinatosi con la sua barca a quella dei carabinieri, li informò che una settimana prima altri sommozzatori si erano immersi in quel punto del lago.

Pur non avendo trovato niente da aggiungere agli indizi già raccolti, il Giudice Istruttore credette di averne a sufficienza per emettere un mandato di cattura. Il Salmarani venne arrestato e il suo nome e le sue fotografie troneggiarono per un paio di mesi sui rotocalchi e nei quotidiani.

Tutti gli interrogatori vennero rinnovati in via formale e si ebbe finalmente il primo colpo di scena nelle indagini, per merito del dottor Raffaele Cavagna.

Il funzionario, non contento di aver sentito la cugina della Malerba e la di lei madre una prima volta, era tornato a Langhirano, convinto che da quelle donne si potesse cavare ancora qualche cosa di utile. Infatti la cugina della defunta Malerba, una ragazza di buon carattere e sempliciotta, finì col dirgli che il figlio della Malerba, Maurizio, veniva spesso portato dalla madre alla Villa Spinacroce durante il giorno, specialmente quando il signor Pilade era in viaggio. La ragazza, stimolata dal Commissario, arrivò a ricordare che non più di quindici giorni prima il bambino le aveva detto di aver visto, sotto il biliardo, una gran quantità di soldi dentro un cassettone.

Il dottor Cavagna si fece affidare il piccolo per portarlo in paese a prendere un gelato e avere modo intanto di farlo parlare un poco. Maurizio, che aveva preso subito confidenza col Commissario, gli disse che andava spesso in villa, dove giocava nel giardino e qualche volta, quando non c'era il signor Pilade, con le bilie di avorio nella sala del biliardo. La madre gli raccomandava sempre di non spostare nulla, perché in quella sala non doveva entrare nessuno e guai se il signor Pilade si fosse accorto che lui toglieva le bilie dal cassetto della rastrelliera per farle correre sul biliardo e qualche volta anche per terra.

«Non si è mai accorto, il signor Pilade, che tu giocavi col biliardo?» gli chiese il Commissario.

«Mai,» rispose il bambino «ma una volta a momenti mi sorprendeva. Ero andato senza farmi vedere da mia madre nel salone benché lui fosse in casa. Per fortuna ho sentito la sua voce per le scale e mi sono nascosto dietro un divano. È venuto nella sala, si è chiuso dentro, poi ha tirato il cassetto sotto il biliardo dove c'erano tanti soldi, ha preso qualche cosa che ha messo in tasca ed è andato via senza vedermi!»

«E glielo hai detto alla mamma?»

«Sì, le ho detto tutto.»

Il dottor Cavagna andò difilato dal Giudice Istruttore per dirgli che forse aveva scoperto il tesoro dello Spinacroce. Il Giudice partì subito con lui e col Cancelliere per andare a compiere un nuovo sopralluogo nella villa. Ma sotto il biliardo non riuscirono a trovare alcun cassetto. Decisero allora di far venire il bambino e anche un operaio, richiesto a una ditta costruttrice di biliardi.

Il bambino indicò vagamente il cassone del biliardo, ma non seppe dare nessuna indicazione precisa. Diceva di avere soltanto sbirciato dal suo nascondiglio dietro il divano. L'operaio studiò il tavolo e disse che si trattava di un modello antico, ottocentesco, di quelli che avevano ancora il piano in noce e non di lavagna come i biliardi moderni.

«Questi biliardi» spiegò «qualche volta avevano sotto il piano di gioco un cassettone che serviva per riporre le stecche, le quali, costruite allora in un solo pezzo, perché non si incurvassero venivano posate su di un piano quando non erano in uso. Il cassettone, che era grande quasi come il biliardo, doveva essere duplice, in quanto ciascuno dei due veniva tirato da un lato.»

L'operaio provò a tirare, prima da una parte e poi dall'altra, afferrando il bordo inferiore del cassone sottostante al piano del biliardo, ma senza risultato.

Provò anche dagli altri lati.

«Lì, lì» gridava il piccolo Maurizio quando l'operaio tirava dal lato verso il divano. Ma il cassetto non veniva.

Il Giudice Istruttore ordinò di smontare il biliardo, e l'operaio incominciò con lo svitare e staccare le sponde. Procedendo nel suo lavoro, notò che sul fondo di una delle due buche di mezzo c'era qualcosa di irregolare. Tolse la fodera di pelle che proteggeva la tazza di metallo e scoprì, bene incassato sul fondo, un tirante a maniglia. Lo afferrò e diede uno strappo che suscitò un rimbombo dentro al mobile. Provò allora di nuovo a tirare il cassetto prendendolo con le dita sotto il bordo. Tutta la fiancata del cassone si mosse e pian piano venne in luce un ripiano grande come metà biliardo e alto venti centimetri, pieno di banconote a mazzette, scatole vuote, involti e sacchetti legati con lo spago.

«Ecco, ecco!» gridava il bambino.

L'operaio spiegò che il cassettone era bloccato da un cavicchio comandato dal tirante nascosto nella buca. Un lavoretto che poteva essere stato eseguito da qualunque falegname, forse molti anni prima, per utilizzare come nascondiglio il cassone delle stecche.

Gli inquirenti si resero conto dell'accortezza dello Spinacroce, che non aveva utilizzato la porta blindata nell'armadio dietro la rastrelliera, non difficile da scoprire, ma l'aveva lasciata quasi in vista per attirare l'interesse di eventuali ladri, distraendoli dal vero nascondiglio.

Da un provvisorio inventario del tesoro, risultò che tra monete d'oro e banconote straniere, il valore superava ogni previsione.

Cadeva quindi l'ipotesi della sottrazione del tesoro ad opera dell'assassino o degli assassini. Ipotesi che era stata fatta al momento in cui si era proceduto all'apertura dell'armadio blindato. Si era pensato, allora, che gli assassini e non l'assassino, perché gli inquirenti erano convinti che in quella notte vi fossero più persone nella villa, avevano costretto lo Spinacroce ad aprire l'armadio e si erano appropriati del contenuto, trascurando portafoglio e borsetta, che contenevano somme irrisorie e abbandonando le trecentomila lire in contanti per la fretta o per distrazione.

Davanti a quel cassettone aperto e rigurgitante di denaro, il Giudice Istruttore si rese conto che i delinquenti erano rimasti a bocca asciutta, e che non si erano neppure preoccupati di cercare altrove, quasi che, una volta svuotato l'armadio, si fossero persuasi dell'inutilità di ogni altra ricerca, avendo forse lo Spinacroce dichiarato di tenere il resto in banca.

Gli inquirenti, dopo la scoperta del tesoro, erano più che mai al buio. Si chiedevano il perché di quel duplice omicidio.

«Erano stati riconosciuti» opinava il Cavagna.

«Già,» ammetteva il Giudice «il Salmarani, riconosciuto dal suocero, avrà pensato di sopprimerlo e poi di far tacere per sempre anche la donna. Ma gli altri? Erano dei complici del Salmarani oppure i veri e soli autori del duplice omicidio?» L'intreccio appariva inestricabile.

Restava in più l'enigma di colui o di coloro che avevano lasciato sul muro dell'atrio la stampa sanguinosa delle loro mani aperte, con le impronte digitali chiare e leggibili come un disegno. Tutte le ricerche negli archivi della polizia non erano riuscite a dare un nome a quelle impronte, ma la posizione del Salmarani era tale da consentire ugualmente il suo rinvio a giudizio per partecipazione in omicidio nei confronti del vecchio e della sua governante. Non era possibile dimostrare che l'armadio blindato fosse stato aperto. Ma poteva anche darsi che il Salmarani non avesse trovato la chiave, sfuggita a tutte le ricerche della polizia, come poteva darsi che dopo aver avuta la chiave e aver constatato che nell'armadio non c'era nulla, o comunque non il tesoro che cercava, avesse rimesso la chiave al suo posto. Erano a suo carico una quantità di indizi sui quali la pubblica accusa avrebbe fatto leva, cercando di smantellare le posizioni della difesa, assunta fin dalle prime indagini da un celebre avvocato del foro milanese.

Capitolo dodicesimo

Il processo venne celebrato in Corte d'Assise. Testimoni, erano il geometra milanese, l'allevatore di bestiame che la notte del delitto aveva visto l'automobile chiara con la targa BO o BG rintanata nel bosco, il guardiapesca Martinoli che aveva notato una macchina consimile sulle rive del lago di Endine e aveva quasi riconosciuto il Salmarani. La cugina della Malerba, l'infermiera del medico e la signora Myriam.

I periti avevano depositato da tempo il loro elaborato dal quale risultava che tanto lo Spinacroce quanto la Malerba erano morti per sfondamento della volta cranica in seguito a uno o più colpi. Vennero chiamati a testimoniare anche l'infermiera Lucia Jelo e gli ufficiali e sottoufficiali di polizia giudiziaria che avevano svolto indagini sul delitto.

La prima contestazione del Presidente all'imputato riguardava i suoi viaggi settimanali da Bergamo a Lerici. Il Salmarani rifece con molta naturalezza il racconto e diede la spiegazione di quei suoi vagabondaggi notturni, che giustificava con un bisogno di solitudine e di evasione. Negò tuttavia recisamente di aver mai fatto altra strada oltre quella che da Fidenza porta al Passo della Cisa attraverso Noceto e Fornovo. Interrogato sulla sua presenza la mattina successiva al delitto in località Torbiera sulla riva del lago di Endine, negò recisamente, come aveva negato in occasione del confronto col guardiapesca.

Il Presidente, dopo aver sentito tutti i testimoni che confermarono le deposizioni già rese in istruttoria, chiamò la signora Myriam e le domandò se volesse o meno deporre, avvertendola che aveva facoltà di astenersi. La signora si dichiarò disposta a deporre.

Interrogata sui suoi rapporti col padre, disse che si erano regolarizzati poco dopo il suo ritorno dal Sud America. Il Presidente la invitò allora a precisare le modalità delle visite settimanali del marito a Lerici. La signora non ebbe difficoltà ad ammettere che il marito si presentava nella casetta di Lerici la domenica mattina verso le otto e mezzo dichiarando di essere partito da Bergamo nella serata precedente. Confermò altresì che alla domenica il marito partiva da Lerici verso le ventitré, spesso dopo aver dormito per un'oretta sul divano del salotto. A una precisa domanda rispose che anche nel corso della domenica e specialmente nelle ore del pomeriggio, il marito dormiva qualche mezz'ora sempre sul divano del salotto o sopra una sedia a sdraio in terrazza.

Dopo la sua deposizione la signora Myriam uscì dall'aula, andò a prendere il figlio Albertino che aveva affidato ad un usciere e rientrò con lui nell'emiciclo per ascoltare la requisitoria del Pubblico Ministero, l'arringa del difensore e le richieste della Parte Civile, rappresentata da un avvocato nominato dal Giudice tutelare nell'interesse del figlio minore della Malerba. La Parte Civile concluse, come era naturale, per la condanna.

Il Pubblico Ministero non parlò a lungo. Chiese la condanna dell'imputato all'ergastolo, affermando che il Salmarani doveva essere ritenuto autore del duplice omicidio, anche se non si conoscevano i suoi probabili complici.

«Finché l'imputato» concluse «non ci metterà in grado di accertare che altri e non lui ha ucciso Pilade Spinacroce e Maria Malerba, egli deve essere considerato l'assassino. Se non ha fatto e non fa altri nomi, è perché sa che una chiamata di correo porterebbe nel processo anche quella prova diretta che oggi sembra mancare, ma che è nelle cose e nella logica dei fatti. Noi siamo di fronte a elementi indiziari, ma così convincenti da farci ritenere quest'uomo un assassino degno della massima pena.»

Il difensore del medico si rifece alle affermazioni dell'imputato: Il Salmarani non era stato più nella villa dall'inizio dell'estate e nessuno poteva provare il contrario, in quanto l'indicazione dell'automobile era incompleta e inattendibile. L'assassinio era opera di altre persone probabilmente introdotte nella villa dalla Maria Malerba per asportare il denaro che la donna sapeva o credeva di sapere dove fosse nascosto. Sorpresi dal vecchio, i ladri, forse gente del posto riconosciuta dallo Spinacroce, lo avevano ucciso e prima di andar via avevano ucciso anche la loro complice temendo che nel corso degli interrogatori avrebbe finito con lo svelarli.

«Finché non avrete dato dei nomi e dei volti» concluse «a chi ha lasciato le impronte sanguinose che sono state rilevate sui muri, sul passamano della scala e sulle maniglie delle porte, finché non avrete stabilito di chi era la macchina gialla vista nelle ore del delitto dal geometra Righetti, non potrete condannare nessuno e tanto meno il dottor Francesco Salmarani.»

La Corte si alzò per ritirarsi in camera di consiglio. Il Presidente, rivolto all'imputato che si era alzato in piedi, gli fece la domanda di rito: «Avete altro da dire o da aggiungere in vostra difesa?».

Il Salmarani chiese al Presidente di poter conferire un istante col suo difensore che gli si accostò, mentre la Corte attendeva in piedi.

«Avvocato,» chiese a bassa voce il Salmarani «cosa dice? Mi condannano?»

«Se la condannano» rispose l'avvocato «ricorreremo in Appello.»

«Macché Appello!» esclamò il Salmarani ad alta voce «Io parlo subito! Dico tutta la verità.»

«Certo,» gli ribatté il difensore «dopo la sentenza potrebbe essere troppo tardi. Ma guardi che fino a questo momento lei si è difeso stando dietro una muraglia. Se parlerà, dovrà affrontare un corpo a corpo.»

«Avvocato! Io parlo!» gridò il Salmarani.

Il difensore, stringendosi nelle spalle, tornò al suo

posto, e il medico, rivolgendosi alla Corte e stendendo un braccio verso il recinto riservato al pubblico, urlò: «Signor Presidente! Gli assassini sono in aula!».

Il Felegatti e il Bonomelli, che erano tra il pubblico, in prima fila, appoggiati alla balaustra di legno del divisorio, cercarono di farsi strada verso le uscite. Ma il Salmarani gridava: «Carabinieri! Sbarrate le porte!».

Il pubblico si era ristretto in un mucchio lasciando isolati i due giovani, che vennero fermati dai militari di servizio e portati nell'emiciclo.

Il Salmarani, indicandoli alla Corte, gridò:

«Ecco gli assassini! Prendete le loro impronte digitali e vedrete che sono quelle che avete rilevato sul muro e negli altri posti. Ora dirò tutta la verità.»

La signora Myriam, che sedeva in un banco accanto ad Albertino, sussultò.

Il Salmarani, a gran voce come un comiziante incominciò:

«Signori della Corte, andavo nella villa tutte le notti di sabato e di domenica e mi fermavo un paio d'ore. La signorina Maria mi apriva la porta di servizio, in fondo al corridoio. Era da due mesi la mia amante.»

La signora Myriam appariva eccitatissima e parlava concitatamente col figlio forse per impedirgli di ascoltare le parole di suo padre. Il Presidente afferrò il campanello e scuotendolo vigorosamente tentò di interrompere il discorso del Salmarani: «Il dibattimento è sospeso. Sarà interrogato a suo tempo!» gridò.

Ma il Salmarani continuava: «Mentre ero nella camera della signorina Maria, questi due signori, entrati dal cancelletto posteriore della villa, stavano scassinando le porte che mettono al pianterreno attraverso la cantina. Il vecchio si è svegliato ed è sceso nell'atrio dove li ha affrontati e loro, vedendosi riconosciuti, lo hanno ucciso. Ho sentito mio suocero che gridava: "Bonomelli! Bonomelli! Ti conosco, sei il figlio del fattore!". Attraverso il corridoio interno andai a chiudermi nel bagno e misi l'occhio al buco della serratura. Vidi il Felegatti venire verso il corridoio e gettarsi sopra la povera Maria, che in quel momento si era decisa ad uscire dalla camera per vedere quello che accadeva. Dopo averla abbattuta col ferro da stiro, ritornò nell'atrio. Rimasi nel bagno finché i due assassini se ne furono andati. Quando sentii il rumore della loro macchina che si avviava, uscii e nel corridoio trovai il cadavere della donna. Nell'atrio, alla luce del lampadario che era acceso, vidi mio suocero steso in un mare di sangue e ormai cadavere. Dopo essermi aggirato alcun tempo in preda a un completo smarrimento, rendendomi conto che avrei potuto essere accusato di quel delitto, e che non avevo convenienza, anche per riguardo a mia moglie e a mio figlio, a far sapere la storia della mia tresca con la governante, mi resi involontario collaboratore degli assassini facendo scattare l'interruttore generale e togliendo la luce in tutta la villa. Prima di andarmene cercai, con un asciugamano bagnato, di cancellare tutte le impronte digitali che potevo aver lasciato sulle maniglie e in altri luoghi, poi uscii e raggiunta la mia macchina mi avviai verso Bergamo. Mi accorsi, lungo il viaggio, di essere sporco di sangue: aggirandomi per il pianterreno e toccando le vittime per accertarmi che era inutile alcun soccorso, mi ero imbrattato del loro sangue».

«Bene,» disse il Presidente «ripeterete in tutti i particolari il vostro racconto quanto sarete interrogato dal Giudice.»

I due giovani, che erano rimasti nel mezzo dell'emiciclo senza parole, si riscossero quando videro che la Corte stava per ritirarsi dopo aver ordinato il loro arresto.

«Non è vero!» gridò il Bonomelli. «L'assassino è lui. Ha ammazzato il vecchio e la donna col ferro da stiro mentre noi eravamo ancora dietro la porta della cantina. Andavamo per rubare: è vero! Ma non siamo degli assassini. Quando la porta cedette e siamo entrati nell'atrio, lo Spinacroce era per terra già privo di vita e anche la donna era già stata uccisa. C'era sangue dappertutto e ci siamo sporcati. Avevo le mani sporche di sangue, quando mi sono appoggiato al muro terrorizzato per lo spettacolo che avevo di fronte.»

Intervenne anche il Felegatti: «Signor Presidente, la polizia ha dimenticato di accertare che vestito indossasse quella mattina il dottor Salmarani. Quel vestito manca nel suo guardaroba. Sua moglie lo deve sapere».

Albertino a quel punto si alzò dal banco dove era seduto di fianco alla madre, e parlando come in sogno, disse: «Il vestito, il vestito».

Il Pubblico Ministero, travolto come tutti i presenti dalle sequenze drammatiche fuori programma che si stavano susseguendo in sala, rivolto alla signora Myriam chiese: «Signora, il vestito manca davvero?».

Myriam, senza alzarsi e a capo basso, rispose: «Manca.»

Il Felegatti allora gridò: «Lo abbiamo noi! Lo abbiamo ripescato nel lago di Endine! Vestito e camicia!».

Il Pubblico Ministero chiese che tutto venisse messo a verbale in vista della nuova istruttoria. Intervenne allora il Salmarani: «Mettete a verbale anche che questi due signori sono venuti a Bergamo, nel mio studio, per cercare di imbottigliarmi. Quello lì» e indicò il Felegatti «è venuto addirittura a farsi visitare da me spacciandosi per un certo signor Invernicci di Seriate. Ma l'ho scoperto per quel che era, lui e il suo complice».

Capitolo tredicesimo

Il Giudice interrogò qualche giorno dopo la signora Myriam, che si portava sempre dietro per mano Albertino. La signora disse al Giudice di aver avuto molte discussioni col marito subito dopo la morte del padre, quando si era accorta che mancava nel guardaroba il vestito da lui indossato durante la sua ultima visita a Lerici. Altre discussioni aveva avuto dopo aver letto sui giornali che un guardiapesca l'aveva visto la mattina dopo il delitto in riva al lago di Endine. Ma aggiunse che il marito le aveva confessato subito di aver gettato via il vestito perché quella notte di domenica, essendosi fermato a dormire un'ora sul Passo della Cisa, al suo risveglio, quando era uscito dalla macchina al buio per sgranchirsi le gambe e per svuotare la vescica, era andato a finire in un tratto di lavori in corso dove non solo si era imbrattato di catrame, ma si era anche ferito al lato sinistro del costato cadendo sopra un ferro acuminato. Il marito le aveva infatti mostrato una ferita di alcuni centimetri sulla parte sinistra del torace.

Il Giudice andò in carcere col Cancelliere e con

un perito medico per compiere un'ispezione sul corpo del Salmarani. Il medico accertò sul lato sinistro del costato del periziando i reliquati di una ferita lunga sette centimetri. Si trattava di una ferita da taglio, inferta probabilmente con una lama affilata.

Il perito chiese un termine di trenta giorni per compiere un più accurato esame e per stendere la sua relazione, la quale non si scostò da quanto aveva espresso verbalmente dopo il primo esame della ferita. Il Salmarani, interrogato, ripeté la versione della sosta al Passo della Cisa, della caduta e della ferita accidentale, così come l'aveva riferita la moglie. Disse che nonostante la ferita aveva ripreso la strada, era arrivato alla villa e si era introdotto attraverso la porta di servizio nel pianterreno e poi nella camera di Maria. Ripeté quindi quanto aveva già detto in aula circa le modalità dell'assassinio compiuto secondo lui dai due giovani. Di nuovo aggiunse soltanto che, essendosi imbrattato di sangue, sia per la ferita che per aver toccato i cadaveri onde accertarsi dell'inutilità di ogni soccorso, appena tornato a Bergamo era andato in casa, aveva cambiato abito e messo in un pacco quello che aveva indossato durante la notte, era andato a gettarlo nel lago di Endine insieme alla "canottiera", per timore che le tracce di sangue potessero indicarlo come autore del duplice assassinio. Precisò che il cotone e la garza sporchi di sangue notati dall'infermiera Lucia Jelo nel bidoncino smaltato del suo studio, erano i residui di una successiva disinfezione e di una medicazione della ferita riportata sulla Cisa quella notte. Disse di aver contraddetto l'infermiera, perché a quell'epoca non aveva ancora deciso di sottoporre alla giustizia tutta la verità, in quanto pensava di poter ottenere una facile assoluzione.

Il Giudice, seguito dal Cancelliere e dal personale della polizia scientifica, fece un nuovo sopralluogo nella Villa Spinacroce, dove rivolse la sua attenzione alla zagaglia che era stata trovata per terra, vicino all'ultimo gradino della scala. Durante le prime indagini l'arma era stata presa in considerazione, ma non aveva rivelato alcuna traccia apparente che potesse metterla in relazione coi fatti. Si era pensato che il vecchio, allarmato dai rumori che aveva sentito provenire dalla cantina, prima di scendere in pigiama ad ispezionare il pianterreno, avesse staccato dal muro la zagaglia per servirsene all'occorrenza. Ma che poi, aggredito probabilmente alle spalle da uno degli assassini, aveva lasciato cadere l'arma in terra, dove fu raccolta dagli inquirenti e dopo una sommaria ispezione abbandonata sopra una consolle dell'atrio. Il Giudice la riprese in mano durante il nuovo sopralluogo e osservò che era costituita da un'asta di legno solido e leggero lunga un metro e ottanta, fornita a uno dei suoi estremi d'una lama ben fissata nel legno, appuntita, tagliente e con tre seghettature a regolare distanza, in forma di bocca di pesce. La lancia, mostrata a un esperto, risultò del tipo usata da alcune tribù brasiliane. Aveva tre denti intagliati nel filo della lama allo scopo di renderla più micidiale, in quanto nell'uscire da una ferita poteva compiere azione lacerante. Negli angoli formati da tre denti venne raschiato del sangue secco che, esaminato successivamente in un laboratorio chimico, risultò dello stesso gruppo sanguigno del Salmarani.

Con questa risultanza del tutto nuova, il Giudice andò in carcere per fare all'imputato alcune contestazioni.

Il Salmarani, dopo un lungo silenzio, gli chiese un giorno di tempo per riordinare le idee, promettendogli una confessione completa che avrebbe finalmente delineato il quadro preciso della tragica notte nella Villa Spinacroce.

Il giorno dopo il Giudice, tornato a interrogarlo, si sentì fare, con un accento nuovo che aveva il tono della verità, un minuzioso racconto pressappoco di questo tenore:

Il vecchio Spinacroce, messo in allarme dai rumori che salivano dalla cantina fino alla sua camera, staccata dal muro per ogni buon conto una zagaglia, scese lentamente uno scalino dopo l'altro fino al pianterreno, fermandosi di fianco a un interruttore che accendeva il lampadario dell'atrio. Il Salmarani, che intanto aveva sentito anche lui dei rumori provenienti dalla cantina, si era rivestito e aveva seguito Maria, uscita nell'atrio per guardare verso l'alto nel timore che lo Spinacroce fosse in movimento. All'atto in cui lo Spinacroce accese il lampadario, si trovava quindi nell'atrio, di fianco alla governante. Il suocero, in pigiama e con la zagaglia nella mano destra, stava fermo sul primo gradino. I due si guardarono a lungo, poi il vecchio scese inferocito e si lanciò contro il genero brandendo la zagaglia. Il Salmarani cercò di deviare l'arma, ma restò ferito al fianco sinistro e si lasciò cadere in terra come morto per timore che l'altro reiterasse i suoi colpi. Stando a terra, lo vide andare verso il corridoio e impugnare un ferro da stiro che giaceva sopra una mensola. In quel momento Maria usciva dalla camera dove in un primo tempo si era rifugiata. Il vecchio l'affrontò e con un solo colpo del ferro la abbatté. Il Salmarani intanto si era alzato ed era corso nel corridoio per portar soccorso alla donna. Troppo tardi. Non poté far altro che impegnare una colluttazione con lo Spinacroce, per togliergli di mano il ferro da stiro. Riuscì a strapparglielo, ma il vecchio corse nell'atrio e riprese in mano la zagaglia. Il Salmarani, dopo aver evitato un "a fondo" eseguito magistralmente dal suocero con la lancia, riuscì a portarsi alle sue spalle. Prima che l'arma gli venisse rivolta contro di nuovo, col ferro da stiro che aveva raccolto da terra, lo colpì al capo. Il colpo gli sfondò il cranio e lo Spinacroce cadde al suolo spargendovi tutto il suo sangue.

«Come vede» concluse il Salmarani «tutto corre e non ci sono più zone d'ombra. Ogni versione precedente mi era stata dettata dal timore di non poter dimostrare la mia innocenza. Ho agito per legittima difesa. In quanto al Felegatti e al Bonomelli, erano certamente dietro la porta che mette in cantina.» Potevano aver visto qualche cosa e aver udito parole e rumori, ma erano apparsi nell'atrio solo dopo che lui se ne era allontanato.

Con la nuova e definitiva versione del Salmarani i due giovani venivano completamente scagionati e nei loro confronti non poteva sussistere altro che un'imputazione di tentato furto con scasso.

Il vestito ripescato dai due nel lago di Endine venne repertato, ma dopo l'ultima versione del Salmarani, che aveva ammesso di averlo gettato nel lago con la "canottiera" perché era imbrattato di sangue, non si era creduto necessario ispezionarlo. Al nuovo processo il Pubblico Ministero ne richiese l'ispezione in aula. Il pacco venne aperto e comparve il vestito del Salmarani, giacca, pantalone e camicia.

L'accusatore fece rilevare che nella giacca non esistevano tagli o strappi in corrispondenza della ferita riscontrata sul corpo del Salmarani. Ma l'imputato spiegò che la zagaglia lo aveva raggiunto al fianco introducendosi tra la giacca, aperta, e il suo corpo. Chiese quindi che si esaminasse la camicia nella quale venne trovato un taglio netto, perfettamente corrispondente alla posizione della ferita. Dentro la manica sinistra della giacca venne trovata la "canottiera", sulla quale si trovò un taglio al lato sinistro.

Nel corso del dibattimento che venne celebrato quello stesso anno, il Felegatti e il Bonomelli dissero di non aver visto nulla, in quanto stavano dietro alla porta della cantina. Ma da quanto avevano udito, i fatti dovevano essersi svolti come li aveva raccontati il Salmarani. Il Bonomelli precisò che quando aveva scassinato la porta tra la cantina e l'atrio della villa, attirato dai rumori che sentiva nel locale, l'aveva socchiusa e si era visto passare davanti il Salmarani completamente vestito.

Quando il Presidente della Corte, alzandosi per andare coi giudici popolari in camera di consiglio, rivolse all'imputato la solita domanda chiedendo se non avesse altro da dire in sua difesa, il Salmarani alzandosi in piedi rispose: «Stavolta no. Ho detto tutto».

Un'ora dopo il Presidente leggeva il dispositivo della decisione presa in camera di consiglio, con la quale Francesco Salmarani veniva dichiarato colpevole dell'imputazione ascrittagli di omicidio in persona del solo Pilade Spinacroce e condannato a ventiquattro anni di carcere. Per l'omicidio della Malerba, ritenuto opera dello Spinacroce, si dichiarò di non doversi procedere per morte dell'imputato.

La sentenza non persuase nessuno e tanto meno il Salmarani, che ricorse in Appello.

Anche il Pubblico Ministero appellò, come era prevedibile. Dopo lunga attesa si ebbe il nuovo processo e la nuova sentenza, con la quale il Salmarani veniva dichiarato assolto per insufficienza di prove.

Il medico, messo subito in libertà, raggiunse la moglie e il figlio sulla soglia del palazzo di giustizia. Li abbracciò entrambi e allontanandosi con loro, appena svoltato un angolo, disse alla moglie: «Spero che non avrai preso per oro colato tutto quello che ho detto tanto nel primo che nel secondo processo, cioè che da mesi la Malerba era la mia amante. Se mi fermavo qualche sabato e qualche domenica notte nella villa era per tener buona la Malerba e staccarla sempre di più dal vecchio. Lo facevo con un certo disagio, proprio perché mi sembrava utile».

«Capisco,» rispose Myriam «era un sacrificio che affrontavi soprattutto per me.» La signora ebbe un sorriso amaro sul quale il Salmarani sorvolò.

Capitolo quattordicesimo

Due giorni dopo il Salmarani passeggiava su e giù per il *Sentirù* di Bergamo a braccetto con la moglie, che teneva per mano Albertino. La gente seduta al caffè lo guardava commentando la strana vicenda giudiziaria che tutti i giornali avevano riportato. Un avvocato bergamasco che aveva l'aria di saperla lunga, guardando quel gruppetto familiare che si allontanava con aria compassata, disse ad un amico che gli sedeva vicino: «Per me la storia è un'altra. Il Salmarani, come lui stesso ha ammesso, era l'amante della Malerba che andava a trovare tutte le settimane. Sorpreso dal vecchio, lo ha ucciso col ferro da stiro. Poi, temendo che la donna sotto gli interrogatori finisse col dire la verità per salvarsi da una coimputazione, con lo stesso ferro da stiro ha ucciso anche lei».

«E gli altri due?» chiese l'amico.

«Gli altri due? Due imbecilli, che si erano messi in testa di appropriarsi di un tesoro e che andarono a capitare nella villa nel momento peggiore, rischiando l'ergastolo.»

«Ma i due» rispose l'altro «perché non hanno parlato subito? Era il modo migliore per salvarsi, anche a costo di confessare un tentativo di furto.»

«Forse non ci hanno pensato in quel momento» opinò l'avvocato. «Vorrei vedere lei in un caso simile. Non è facile scegliere una linea di condotta davanti a una accusa di omicidio.»

«Avrebbero potuto parlare più tardi, quando vennero a conoscenza dei sospetti che pesavano sul Salmarani, invece di venirlo a trovare qui nel suo studio» ribatté l'altro.

«Mah!» concluse l'avvocato. «Cosa ne sappiamo noi? Potrebbe anche essere corso tra di loro un patto: tanto a voi, tanto a me. Non dimentichi che con l'assoluzione il Salmarani, cioè sua moglie che fa lo stesso, entra in possesso dell'eredità. Piuttosto, quello che mi resta inspiegabile è il comportamento della moglie. Possibile che sia rimasta pressoché indifferente alla morte del padre? Che si sia schierata in difesa del marito? L'eredità sarebbe comunque andata a lei, anche con la condanna del Salmarani. Nessuno poteva pensare a una sua complicità.»

«Vai a capirle le donne» disse uno degli interlocutori.

«Sì,» insisteva l'avvocato «perché poteva credere alla legittima difesa e giustificare l'uccisione del padre, ma come è riuscita a superare il tradimento del marito? Pare che l'abbia appreso in aula, durante il processo, quando il Salmarani tirò fuori la tesi della legittima difesa.»

Un altro interlocutore, che doveva essere un napoletano, sentenziò: «Il marito puttaniere/fa onore alla mogliere».

Qualche mese dopo, nella casa di un playboy di Parma che aveva organizzato una festa, il Felegatti e il Bonomelli sedevano al centro di due piccoli gruppi.

«La storia della zagaglia» diceva il Felegatti commentando il processo «dev'essere stata una brillante invenzione del Salmarani. Sarà andato a prenderla nella stanza del vecchio dopo che noi eravamo andati via, per precostituire una situazione di legittima difesa.»

«Potresti non averla notata, quando ti aggiravi per l'atrio con lo sguardo attratto dai due cadaveri» osservò uno del gruppo.

«Certo, tutto è possibile» ammise il giovane.

«Sulla lama della zagaglia» osservò una ragazza che aveva seguito il processo «è stato trovato del sangue che veniva dalla ferita del Salmarani.»

«Non che veniva dalla ferita del Salmarani,» precisò il Felegatti «ma che era dello stesso suo gruppo sanguigno. Il che è un'altra cosa. I gruppi sanguigni sono quattro e quindi quel sangue poteva essere di un quarto dell'umanità. E poi a chissà quando risaliva.»

«La zagaglia» riprese «debbo dire che proprio non c'era.»

«Allora» osservò la ragazza «dove va a finire la tesi della legittima difesa?»

«Sicuro,» convenne il Felegatti «dove va a finire? Tanto è vero che i giudici non l'hanno bevuta. Ma vorrei dire una cosa...»

«Parla.»

«No. Niente...» lasciò perdere il giovane, al quale era venuto in mente qualche particolare che non gli conveniva tirar fuori.

All'altro capo del salone, il Bonomelli diceva anche lui la sua: «Secondo me è stata la Malerba, che sorpresa dal vecchio lo ha ammazzato col ferro da stiro, tipica arma femminile e casalinga. Il Salmarani, quando sentì dei rumori sospetti provenienti dall'alto della scala, si portò presso la porta di servizio, pronto a lasciare la villa. Non aveva nessun interesse a venire in contatto col vecchio e a farsi riconoscere. Si sarebbe scoperto quale amante della Malerba».

«E la Malerba? Chi l'ha uccisa? L'avete fatta fuori voi due?» gli domandò uno di quelli che lo stavano a sentire.

«Si vede che il Salmarani» continuò il Bonomelli «una volta che il vecchio era stato liquidato e non avrebbe più potuto riconoscerlo, è ritornato sui suoi passi per vedere di mettere le mani sul tesoro. La Malerba, venuta a sapere dal bambino che il denaro era nel biliardo e non nella cassaforte, avrà portato l'amante davanti all'armadio e gli avrà dato la chiave. Che interesse aveva a fargli scoprire il tesoro? Avrebbe potuto impossessarsene lei più tardi. Il Salmarani, dopo aver trovato vuoto o quasi l'armadio, non poté che andarsene via al più presto. Ma pensando che la donna lo avrebbe incolpato dell'omicidio, tornò nella camera dell'amante, raccolse il ferro da stiro e glielo diede in testa. Ergastolo per ergastolo, ne valeva la pena.»

Capitolo quindicesimo

Erano passati più di sei mesi dall'assoluzione del Salmarani e la signora Myriam era già entrata in possesso dell'eredità. Ma per prudenza più che per modestia, la vita dei due coniugi non era ancora cambiata in nulla. Occupavano sempre lo stesso appartamento a Bergamo e la casa di Lerici. Solo da qualche settimana il medico aveva avviato, d'accordo con la moglie, un progetto di trasferimento di tutta la famiglia a Roma, dove esisteva una clinica specializzata per le cure di cui abbisognava Albertino. Avevano già dato caparra per l'acquisto di un sontuoso appartamento ai Parioli e stavano trattando una villa a Fregene.

Una domenica di primavera, a Lerici, la signora Myriam, che dopo l'assoluzione del marito non aveva più aperto bocca su tutta la faccenda, ritornò in argomento. I due coniugi erano seduti nel salottino da un paio d'ore ed era quasi mezzanotte. Myriam sfogliava un rotocalco mentre suo marito guardava dal balcone aperto verso il mare, in direzione della Palmaria. Sembrava intento a contare i secondi d'intermittenza nei lampeggiamenti del faro collocato sull'isolotto del Tino. Albertino, nella sua stanza, dormiva.

«Franco,» disse improvvisamente la signora alzando gli occhi dal giornale «vorrei farti una domanda. Poi non ne parleremo più, per sempre.»

Il medico annuì senza voltarsi e continuando a guardare nel buio.

«La storia di mio padre e della Malerba... È proprio come l'hai raccontata tu e come l'hanno accettata i giudici?»

«Qualunque cosa ti dicessi,» rispose il Salmarani girandosi lentamente «che tuo padre e la Malerba li hanno ammazzati quei due farabutti di Parma, che li ho ammazzati io, che la Malerba ha ammazzato tuo padre e che io ho ammazzato lei o che tuo padre ha ammazzato lei e io ho ammazzato lui, oppure che l'assassinio fu opera mia e dei due giovani insieme... Senza contare il Durando. Dove lo lasci il Durando? Era davvero a Ginevra quella notte, come ha dimostrato con tanto lusso di testimonianze? Non potremmo essere arrivati sul posto, tanto io che i due giovani di Parma, quando il delitto era già stato consumato dal Durando? Non era stato l'amante della Malerba? Non l'aveva minacciata? E il giardiniere Corbari? Dove lo mettiamo? Era uno dei pochi che potevano sapere qualche cosa sul tesoro di papà.

«Vedi quante facce può avere la verità? Ho proposto ai giudici non la più vera delle soluzioni, ma la più credibile, la più adatta a risolvere il caso e a consentire una sentenza abbastanza logica. Tu vorresti una versione diversa perché pensi che la verità è sempre un'altra. Tutti pensano che la verità è sempre un'altra!» disse scuotendo la testa e voltandosi di nuovo verso il balcone a fissare lontano l'accendersi e lo spegnersi del faro nella notte.

Myriam, avendo capito che non c'era mezzo per cavare la verità da tante contraddizioni, riprese a sfogliare il rotocalco.

Il Salmarani si alzò lentamente, sempre senza voltarsi verso l'interno e andò ad appoggiarsi con le mani al balcone. Dietro di lui vagava tra la strada e il mare la musica di un juke-box e di tempo in tempo entrava come una tromba d'aria il rumore di qualche automobile, che cresceva, dava in un rombo, poi si spegneva lontano, verso San Terenzo o verso Sarzana. Guardava nel buio il faro della Palmaria: i cinque lampeggiamenti si susseguivano con regolarità.

Si voltò verso l'interno e quasi gridando, disse: «Non lo so più nemmeno io come è stato! Non l'ho mai saputo. Nessuno lo saprà mai».

Myriam chiuse il settimanale che aveva davanti e con calma riprese il discorso: «Non ti chiedo la verità. Vorrei solo capire meglio il tuo comportamento nel processo. Tu hai sempre negato d'esserti trovato nella villa la notte del delitto. Tanto ai carabinieri come al Giudice Istruttore e all'inizio della prima udienza hai escluso d'aver messo piede in casa di mio padre, se non un paio di mesi prima della sua morte, un pomeriggio, con me e con Albertino. Era una buona linea di difesa, benché alcuni indizi potessero in qualche modo scalfirla. Per esempio, la presenza quella notte di una macchina simile alla tua nel bosco e in prossimità della villa, il riconoscimento del guardiapesca Martinoli benché incerto, la poco credibile spiegazione che hai dato quando ti è stato chiesto perché impiegavi otto o nove ore a compiere un viaggio per il quale ne bastano quattro. Perché in chiusura del primo processo hai richiamato la Corte e hai fatto una parziale confessione? Poi ti sei attribuito l'uccisione di mio padre, ma per legittima difesa, in quanto dopo aver ammazzato la governante si accingeva ad uccidere anche te. Non ti conveniva restare alla prima versione?»

«No,» riprese il Salmarani «non mi conveniva, o almeno così mi sembrava. Nei lunghi mesi di carcere preventivo ho riflettuto a lungo e ho pensato che per salvarmi dovevo gettare in pasto ai giudici e ai giurati qualche cosa di sostanzioso. Erano propensi a credermi colpevole e non mi avrebbero mai assolto per non aver commesso il fatto e forse neppure per insufficienza di prove. Così ho rischiato, contro il parere del mio avvocato. Per fortuna i giudici d'Appello non mi hanno creduto e si è dato il caso, credo assai raro, dell'assoluzione di un imputato che aveva confessato un omicidio. Infatti respingendo le motivazioni e le conclusioni del primo giudizio, la Corte è venuta fuori con l'insufficienza di prove, disattendendo la mia confessione, ma riconoscendo che le prove contro di me erano insufficienti. Non è la formula migliore, ma mi contento.

«Dopo la prima sentenza ti avevo detto che quanto avevo dichiarato ai giudici non era da prendere per oro colato. Avevo dato la versione che secondo me conveniva dare.»

«Allora» chiese Myriam «non è neppure vero che eri l'amante della Malerba?»

Il Salmarani con un lungo sospiro concluse: «Ti ho messo davanti tutte le verità possibili. Scegli quella che ti va meglio».

Capitolo sedicesimo

La Villa Spinacroce, alla quale erano stati tolti i sigilli apposti dall'autorità giudiziaria, era ormai l'unico cruccio dei coniugi Salmarani. Di andarla ad abitare non ne parlavano neppure, per cui non restava che venderla con tutto quanto conteneva. La valuta estera, i depositi bancari e i gioielli rinvenuti dentro il biliardo erano già stati consegnati alla signora Myriam.

Per provvedere alla vendita della villa il Salmarani dovette recarsi a Parma e incaricare anzitutto un'impresa di pulizie per far scomparire ogni traccia di sangue rappreso nell'atrio e nel corridoio di servizio.

Durante i lavori il medico giudicò conveniente restare presente per tener d'occhio gli operai. La villa era piena di oggetti di valore: posateria d'argento, quadri, tappeti, biancheria, soprammobili e libri antichi, senza contare l'orologio d'oro a due casse dello Spinacroce rimasto sul comodino nella mansarda, la catena d'oro alla quale era attaccato e altri effetti di non trascurabile valore.

Per tenere d'occhio gli operai il Salmarani non

trovò di meglio che il letto ancora sconvolto della Malerba dal quale, stando sdraiato, poteva vedere una parte dell'atrio e tutto il corridoio. L'orologio del suocero, che gli era apparso come un inaspettato regalo durante un giro d'ispezione ai piani superiori, se lo era messo in tasca. Era un "Vacheron-Constantin" pesante come un sasso e fermo alle ore nove, del mattino o della sera. Lo ricaricò e lo accostò all'orecchio: batteva i secondi in due tempi, come un cuore sano e tranquillo.

Sul comodino accanto al letto dove si era steso notò il piccolo registratore che aveva regalato alla Malerba, ma non lo toccò. Stava comodamente sdraiato guardandosi le scarpe e si sarebbe detto che non lo sfiorava alcun pensiero su quanto era avvenuto in quei locali, tanto era sereno il suo volto.

Finite le pulizie, la villa venne richiusa e il Salmarani andò a Parma per affidarne la vendita a un'agenzia immobiliare. Della vendita dei mobili e delle suppellettili incaricò una casa d'aste, che dopo un minuzioso inventario, gli riservò una lieta sorpresa: venne a sapere che i mobili erano d'epoca, i quadri d'autore e il valore degli effetti da porre in asta pari e forse superiore a quello della stessa villa e del parco.

L'asta ebbe luogo, senza la sua presenza, nel corso di due giornate.

Svuotato ogni locale, sul cancello d'entrata qualcuno provvide a fissare un cartello catarifrangente con scritto "VENDESI" e con l'indicazione dell'agenzia immobiliare alla quale ci si poteva rivolgere. Ma dopo un paio d'anni il cartello, corroso dalle piogge, non era più leggibile. Aveva resistito all'acqua, ai colpi di vento e alle sassate dei ragazzi, poi si era accartocciato e ormai pendeva come uno straccio, in attesa di finire per terra.

Andava intanto spargendosi la voce che di notte, e specialmente in quelle temporalesche, dentro la villa si accendevano a tratti delle luci, nell'atrio, nella tromba delle scale e nella mansarda.

Un probabile acquirente che si era fatto accompagnare nella villa da un dipendente dell'impresa immobiliare, mentre nell'atrio si guardava attorno vide, o credette di vedere, un uomo gigantesco vestito di nero che scendeva lentamente dallo scalone.

I due si precipitarono all'uscita, trovando a malapena il coraggio di chiudere l'ingresso dall'esterno.

Da quel giorno nessuno più si interessò all'acquisto, anche perché alle voci sulle luci che si accendevano da sole si aggiunse, più precisa e più sinistra, la storia dell'uomo gigantesco che scendeva lentamente per le scale. La poca gente che passava davanti al cancello cominciava da lontano a fare scongiuri e gettava appena uno sguardo oltre le sbarre, nel viale che andava coprendosi di erbe e di rami caduti.

Dovettero passare molti anni prima che ai Salmarani riuscisse di vendere la loro proprietà. L'acquirente fu un ordine religioso al quale le voci sugli spettri servirono per ottenere uno sconto sul prezzo richiesto.

Lo stabile venne abbattuto per far posto a una costruzione grande il doppio e destinata a casa di riposo per il clero, con tanto di cappella, consacrata a suo tempo da un vescovo.

Vecchi preti cominciarono a comparire nel parco, col breviario in mano o con bastoni di sostegno, in pantofole o scarpe di pezza. Erano una ventina, venuti da varie parti. Un sacerdote di mezza età dirigeva l'istituto. Alle cucine e ai vari servizi badavano quattro suore che dormivano in un fabbricato di poche stanze dietro la cappella. Un anziano giardiniere, una specie di converso che faceva anche da sagrestano, completava l'organico della casa, detta "del Sacro Cuore".

L'istituzione non ebbe lunga vita. Preti da ricoverare se ne trovavano sempre meno, e morti uno dopo l'altro i primi arrivati, ne rimasero solo due. Le autorità ecclesiastiche decisero la soppressione dell'istituto. Lo stabile, messo in vendita, trovò uno strano compratore, il cavalier Teodoro Rossi, produttore e commerciante in salumi, il quale dopo aver fatto apportare le necessarie modifiche al fabbricato, lo adibì a "salatoio", come viene detto lo stabilimento nel quale si lavorano, si salano e si tengono a stagionare prosciutti, salami di Felino, culatelli e ossocolli: una produzione per la quale va famoso tutto il territorio parmense. Nella cappella, spogliata d'ogni arredo sacro, vennero appesi centinaia di salami e nell'alloggio delle suore trovarono posto gli uffici dell'azienda.

Dal tempo del delitto erano passati più di vent'anni, e ai pochi che ricordavano quei fatti, la comparsa dei preti in pensione e poi la destinazione ultima della villa finì col confondere la memoria, tanto è facile dimenticare col passare del tempo e tanto più quando i luoghi e le cose che furono silenziosi testimoni di un dramma mutano volto o vengono addirittura cancellati dall'inesorabile mano d'un Teodoro qualsiasi.

Indice

«Saluti notturni dal Passo della Cisa»
di Piero Chiara
Oscar Scrittori del Novecento
Arnoldo Mondadori Editore

Questo volume è stato stampato
presso Arnoldo Mondadori Editore S.p.A.
Stabilimento Nuova Stampa - Cles (TN)
Stampato in Italia - Printed in Italy